Benjamin Domenig
Christian Mitscherlich
Chantal Lutz

Datenschutzrecht für Schweizer Unternehmen, Stiftungen und Vereine

Benjamin Domenig
Christian Mitscherlich
Chantal Lutz

Datenschutzrecht für Schweizer Unternehmen, Stiftungen und Vereine

2. Auflage

 Stämpfli Verlag

Bibliografische Information der Deutschen Nationalbibliothek
Die Deutsche Nationalbibliothek verzeichnet diese Publikation in der Deutschen Natio-
nalbibliografie; detaillierte bibliografische Daten sind im Internet über http://dnb.d-nb.de
abrufbar.

Alle Rechte vorbehalten, insbesondere das Recht der Vervielfältigung, der Verbreitung
und der Übersetzung. Das Werk oder Teile davon dürfen ausser in den gesetzlich vorgesehenen Fällen ohne schriftliche Genehmigung des Verlags weder in irgendeiner Form
reproduziert (z.B. fotokopiert) noch elektronisch gespeichert, verarbeitet, vervielfältigt
oder verbreitet werden.

© Stämpfli Verlag AG Bern · 2022
www.staempfliverlag.com

ISBN 978-3-7272-3039-4

Über unsere Online-Buchhandlung www.staempflishop.com
ist zudem folgende Ausgabe erhältlich:
E-Book ISBN 978-3-7272-0740-2

Vorwort

Spätestens seit der Einführung der DSGVO im Mai 2018 ist der Datenschutz aus dem Compliance-Alltag von Unternehmen praktisch nicht mehr wegzudenken. Er nimmt nun einen wichtigen Platz im Alltag vieler Unternehmen ein. Die Angst vor hohen Bussen war bei der Einführung der DSGVO gross – so können laut der Verordnung Strafen von bis zu vier Prozent des Jahresumsatzes eines Unternehmens verhängt werden. Solche horrenden Bussen wurden auch in vielen Fällen ausgesprochen. Die 50 Millionen Euro Datenschutz-Strafe gegen Google in Frankreich ist nur eines von vielen Beispielen. Betroffen sind aber nicht nur die Tech-Giganten, sondern auch kleinere und mittlere Unternehmen. Die Einführung der DSGVO hat auch grosse Auswirkungen auf viele Schweizer Unternehmen, welche die Regeln zum Teil ebenfalls umsetzen müssen.

Dem Ruf nach besserem Schutz von Personendaten konnte sich auch die Schweiz nicht entziehen. Um internationalen Verpflichtungen nachzukommen und einen Datenaustausch zwischen der Schweiz und EU ohne zusätzliche administrative Hürden zwischen den Unternehmen weiterhin zu ermöglichen, musste das bestehende Datenschutzgesetz revidiert werden. Mit viel Verzögerung wurde nun das Datum des Inkrafttretens auf den 1. September 2023 definitiv festgesetzt.

Mit der Einführung des revidierten Datenschutzgesetzes werden sich nun auch alle diejenigen Unternehmen, Stiftungen und Vereine mit dem Datenschutz befassen müssen, welche die DSGVO noch nicht umgesetzt haben. Die Schweiz fährt zwar einen etwas weniger strengen Kurs als die EU, unter dem neuen Datenschutzgesetz sind aber trotzdem Bussen bis zu CHF 250'000 möglich. Besonders einschneidend ist dabei, dass diese gegen die einzelnen Mitarbeitenden, welche die Verstösse zu vertreten haben, ausgesprochen werden und nicht gegen das Unternehmen als solches.

Mit der Einführung des neuen Datenschutzrechtes in der Schweiz und der gleichzeitigen Geltung der DSGVO stellen sich naturgemäss viele Fragen.

Welche Regeln gelten für betroffene Unternehmen, Stiftungen und Vereine? Was ist noch erlaubt und welche Massnahmen müssen umgesetzt werden? Wie unterscheiden sich die Vorschriften der EU von denjenigen der Schweiz? Mit welchen Sanktionen müssen normale Schweizer KMU, Stiftungen oder Vereine bei datenschutzrechtlichen Verstössen rechnen? Wie werden Verstösse überhaupt begangen und – wichtiger noch – worauf gilt es zu achten, um solche zu vermeiden?

Das vorliegende Buch verschafft Ihnen, geschätzte Leserinnen und Leser, einen konzisen Überblick im datenschutzrechtlichen Dschungel. In der zweiten überarbeiteten Auflage erhalten Sie neben zusätzlichen praxisrelevanten

Erkenntnissen auch eine Anleitung zur Umsetzung der neuen datenschutzrechtlichen Vorgaben in der Schweiz.

Für Schweizer Unternehmerinnen und Unternehmer bietet das vorliegende Buch somit eine unabdingbare Lektüre und wertvolle Informationen im Hinblick auf die Umsetzung der bestehenden und neuen Regelungen zur Datenverarbeitung. Die komplexe Thematik wird dabei auf eine leicht verständliche und vor allem praxistaugliche Weise dargestellt.

Bern, den 1. September 2022

Christian Mitscherlich

Inhaltsverzeichnis

Vorwort V

Inhaltsverzeichnis VII

Einleitung 1

§ 1. Anwendbarkeit des revDSG und der DSGVO 3
    I. Welches Recht ist auf mein Unternehmen anwendbar? 3
    II. Was ist der aktuelle Stand der Gesetzesrevision in der Schweiz? 3
    III. Inwiefern ist mein Unternehmen von der Gesetzesrevision in der Schweiz betroffen? 4
        1. Persönlicher Anwendungsbereich des revDSG 4
        2. Sachlicher Anwendungsbereich des revDSG 5
            a) Was sind Personendaten bzw. personenbezogene Daten? 5
            b) Was ist das Bearbeiten bzw. Verarbeiten von Personendaten? ... 7
        3. Räumlicher Anwendungsbereich des revDSG 7
        4. Wann muss mein Unternehmen das kantonale Datenschutzrecht oder die strengeren Anforderungen für Bundesorgane beachten? 8
        5. Was bedeutet eine Aufgabenauslagerung für «mein Unternehmen»? 9
    IV. Ist meine Unternehmung von der Datenschutz-Grundverordnung der EU (DSGVO) betroffen? 9
        1. Persönlicher und sachlicher Anwendungsbereich der DSGVO 10
        2. Räumlicher Anwendungsbereich der DSGVO 10
            a) Mein Unternehmen befindet sich in der Grenzregion zu einem EU-Land. Unter den Angestellten befinden sich deshalb Personen aus der EU (Grenzgängerinnen). Muss ich für diese Personen die DSGVO beachten? 14
            b) Ist meine Unternehmung von der Datenschutz-Grundverordnung der EU (DSGVO) auch dann betroffen, wenn ich nur als Auftragsverarbeiterin Daten verarbeite? 14
        3. Weitere Fallbeispiele 15

§ 2. Grundsätze der Datenverarbeitung für mein Unternehmen 17
    I. Wie wird der Schutz personenbezogener Daten sichergestellt? 17
        1. Allgemeine Grundsätze der Datenverarbeitung 17
        2. Rechtmässigkeit der Datenverarbeitung 19
        3. Transparenz 20
        4. Rechte der Betroffenen 21
        5. Datenschutzkonforme Organisation 22
        6. Kontrolle 23
        7. Sanktionen 24
        8. Öffnung 24
    II. Welche konkreten Grundsätze müssen bei der Datenverarbeitung beachtet werden? 24
        1. Grundsätze nach DSGVO und revDSG 25
        2. Rechtmässigkeit, Verarbeitung nach Treu und Glauben und Transparenz 26
        3. Zweckbindung 26

		4. Datenminimierung 27
		5. Richtigkeit 28
		6. Speicherbegrenzung 28
		7. Integrität und Vertraulichkeit 29
		8. Rechenschaftspflicht 30

§ 3. Zulässigkeit der Datenverarbeitung 31
    I. Zulässigkeit der Datenverarbeitung unter dem revDSG? 31
    II. In welchen Fällen dürfen personenbezogene Daten verarbeitet werden? ... 32
       1. Wann ist die Datenverarbeitung durch eine Einwilligung gedeckt? 35
          a) Worauf muss bei vorformulierten Einwilligungserklärungen geachtet werden? 37
          b) In welcher Form muss die Einwilligung erfolgen? 38
          c) Bleiben bisherige Einwilligungen unter dem alten Datenschutzgesetz gültig? 38
          d) Kann die Einwilligung durch die Betroffene widerrufen werden? .. 39
       2. Wann ist die Datenverarbeitung zur Erfüllung eines Vertrages oder Durchführung vorvertraglicher Massnahmen erlaubt? 40
          a) Erfüllung eines Vertrags 40
          b) Vorvertragliche Massnahmen 41
       3. Wann ist die Datenverarbeitung zur Erfüllung rechtlicher Verpflichtungen erlaubt? 41
       4. Wann ist die Datenverarbeitung zum Schutze von lebenswichtigen Interessen der betroffenen Person oder einer anderen Person erlaubt? 42
       5. Wann ist die Datenverarbeitung aufgrund eines öffentlichen Interesses oder zur Ausübung öffentlicher Gewalt erlaubt? 42
       6. Wann kann sich die Verantwortliche für die Datenverarbeitung auf ihre berechtigten Interessen berufen, die eine Datenverarbeitung erlauben? 42
          a) Die berechtigten Interessen 43
          b) Interessenabwägung 45
    III. Dürfen Daten auch zu einem anderen Zweck verarbeitet werden, als denjenigen, für den sie erhoben wurden? 46
    IV. Was ist bei der Bearbeitung von besonderen Kategorien personenbezogener Daten zu beachten? 48
    V. Was ist bei der Verarbeitung von Daten über Straftaten zu beachten? 49
    VI. Ist die Datenverarbeitung zur automatisierten Entscheidfindung und zum Profiling zulässig? 51
          a) Wie verhält es sich unter dem revDSG? 51
          b) Wie verhält es sich unter der DSGVO? 53
    VII. Beispiele und Fragen aus der Praxis 55
       1. Was muss bei der Verwendung von Cookies beachtet werden? 55
       2. Was gilt es beim Versand von Newslettern zu beachten? 58
       3. Worauf muss bei der Verwendung von Tracking-Tools geachtet werden? 61
          a) Google Analytics 61
          b) Andere Tracking-Dienste 62

| | | 4. | Können Social-Media-Plugins datenschutzkonform verwendet werden? .... 63 |

§ 4. Auftragsdatenverarbeitung 66
      I. Was wird unter der Auftragsdatenverarbeitung verstanden? 66
         1. Hohe praktische Relevanz der Auftragsdatenverarbeitung 66
         2. Sinn und Zweck der Auftragsdatenverarbeitung 67
      II. Bin ich Verantwortlicher oder Auftragsverarbeiter?................................. 68
      III. Ich bin Auftragsverarbeiter. Welche Folgen hat das für mich? 70
         1. Abschluss eines Datenverarbeitungsvertrages 70
         2. Weisungsgebundenheit des Auftragsverarbeiters und Dokumentationspflicht 71
         3. Ergreifen von technischen und organisatorischen Massnahmen 72
         4. Protokollierung und Bearbeitungsreglement 72
         5. Führung eines Verzeichnisses über die Verarbeitungstätigkeit 73
         6. Transparenz beim Beizug von Sub-Auftragsverarbeitern 74
         7. Verpflichtung zur Vertreterbestellung (DSGVO)................................. 75

§ 5. Datenexport ins Ausland 76
      I. Warum ist das Thema «Datenexport ins Ausland» für meine Unternehmung relevant?... 76
      II. Wann ist die Übermittlung von Daten ins Ausland gestattet?.................. 77
      III. Wann liegt eine qualifizierte Einwilligung vor? 79
      IV. Was ist ein «Angemessenheitsbeschluss»?.. 79
         1. Was ist unter «anderen geeigneten Garantien» zu verstehen? 80
         2. Ist die Bekanntgabe von Daten in die USA problemlos?...................... 81
            a) Ausgangslage 81
            b) Welche rechtlichen Folgen hat die Ungültigkeitserklärung des Privacy Shields?.. 81
            c) Was beinhalten die Standardvertragsklauseln? 82
            d) Was ist das Transfer Impact Assessment?....................................... 83
            e) Wer muss das Transfer Impact Assessment erstellen? 83
      V. Was sind die Sanktionen bei der Missachtung der Datenexportbestimmungen? 84

§ 6. ==Informationspflicht des Verantwortlichen==.. 86
      I. Welche Informationspflichten bestehen für den Verantwortlichen?.......... 86
         1. Hohe praktische Relevanz der Informationspflichten.......................... 86
         2. Sinn und Zweck der Informationspflicht 87
         3. Die verschiedenen Informationspflichten 87
      II. Welches sind die einzelnen Informationspflichten, wenn die Daten beim Betroffenen erhoben werden?... 89
         1. Form der Mitteilung 90
         2. Zeitpunkt der Mitteilung 91
         3. Inhalt der Informationspflichten.. 91
         4. Ausnahme von der Informationspflicht 96
      III. Welche Informationspflichten bestehen, wenn die Daten nicht beim Betroffenen erhoben werden (Dritterhebung)?.. 97
         1. Zeitpunkt der Mitteilung an den Betroffenen 97
         2. Inhalt der Informationspflichten.. 98

Inhaltsverzeichnis

		3.	Ausnahmen von der Informationspflicht	99
	IV.		Welche Melde- und Benachrichtigungspflichten bestehen im Zusammenhang mit einer Datenverarbeitung zur Wahrnehmung eines öffentlichen Interesses, zur Wahrung der berechtigten Interessen des Verantwortlichen sowie der Direktwerbung?	101
	V.		Welche Melde- und Benachrichtigungspflichten bestehen bei einer Datenschutzverletzung?	101
		1.	Meldung an die Aufsichtsbehörde	102
		2.	Benachrichtigung der betroffenen Person	103

§ 7. Rechte der Betroffenen ... 106
    I. Welche Rechte haben die Betroffenen nach der DSGVO und dem revDSG? ... 106
    II. Wie sieht das Auskunftsrecht der Betroffenen aus? ... 107
        1. Zuverlässige Identifikation der auskunftsersuchenden Person ... 108
        2. Form des Antrags ... 108
        3. Zu liefernde Informationen ... 108
        4. Form der Auskunft ... 109
        5. Frist der Auskunft ... 109
        6. Kosten der Auskunft ... 110
        7. Ausnahmen der Auskunftserteilung ... 110
    III. Wann besteht das Recht auf Berichtigung? ... 112
    IV. Wann besteht ein Recht auf Löschung? ... 113
        1. Voraussetzungen der Löschung ... 114
        2. Ausnahmen der Löschung ... 114
        3. Technische Massnahmen und Information Dritter ... 115
    V. Was beinhaltet das Recht auf Einschränkung der Verarbeitung (DSGVO)? ... 117
    VI. Was beinhaltet das Recht auf Unterlassung künftiger Datenbearbeitungen oder Bekanntgabe an Dritte (revDSG)? ... 117
    VII. Was beinhalten die Rechte auf Datenübertragbarkeit und -herausgabe und wann können sie angerufen werden? ... 118
    VIII. Was beinhaltet das Widerspruchsrecht und wann kann es angerufen werden? ... 120
        1. Widerspruch gegen Datenverarbeitung in Wahrnehmung einer öffentlichen Aufgabe oder der berechtigten Interessen des Verantwortlichen ... 123
        2. Widerspruch bei Direktwerbung ... 124
        3. Widerspruchsrecht bei Verarbeitung zu Forschungszwecken oder zu statistischen Zwecken ... 124
        4. Ausübung des Widerspruchsrechts ... 124
        5. Hinweispflicht auf das Widerspruchsrecht ... 125

§ 8. Anforderungen an die Unternehmensstruktur ... 126
    I. Zu schaffende Positionen und Verantwortungsbereiche ... 126
        1. Allgemeines ... 126
        2. Datenschutzbeauftragter nach DSGVO ... 127
            a) Was sind die Aufgaben des Datenschutzbeauftragten? ... 129
            b) Wer kann Datenschutzbeauftragter sein? ... 129

		3. Datenschutzberater nach revDSG 131

- 3. Datenschutzberater nach revDSG 131
- 4. Weitere Positionen und Verantwortungsbereiche 131
- II. Zu definierende Prozesse 132
  - 1. Verzeichnis der Verarbeitungstätigkeiten 132
  - 2. Datenschutzfolgeabschätzung 133
- III. Umsetzung in kleineren und grösseren Unternehmen 135
- IV. Sicherheitsanforderungen für die Datenverarbeitung 135
  - 1. Die Regelungen zur Datensicherheit 136
  - 2. Die Schutzziele 137
    - a) Technische und organisatorische Massnahmen 137
    - b) Bedeutung der Schutzziele 139
    - c) Vertraulichkeit 139
    - d) Verfügbarkeit und Integrität 140
    - e) Nachvollziehbarkeit (nur DSV) 142
  - 3. Protokollierung und Bearbeitungsreglement (nur DSV) 142
    - a) Welche Unternehmen sind zur Protokollierung und zum Bearbeitungsreglement verpflichtet? 143
    - b) Was beinhaltet die Protokollierungspflicht? 144
    - c) Was beinhaltet die Pflicht zur Führung eines Bearbeitungsreglements? 145
  - 4. Allgemeine Massnahmen 145
    - a) Risiken bestimmen und ihnen begegnen 145
    - b) Sensibilisierung und Schulung 146
    - c) Regelmässige Updates 146
    - d) Berechtigungsmanagement 147
    - e) Starke Passwörter und Passworthygiene 147
    - f) Backups 148
    - g) Verschlüsselung 148
    - h) E-Mail-Kommunikation richtig verwenden 149
    - i) Physischen Zugang erschweren 149

§ 9. Rechtsdurchsetzung und Sanktionen 151
- I. Rechtsdurchsetzung unter dem revDSG 151
  - 1. Das öffentlichrechtliche Verfahren 151
  - 2. Untersuchung 152
    - a) Verwaltungsmassnahmen 152
    - b) Beschwerde 153
  - 3. Das strafrechtliche Verfahren 153
    - a) Bussen der Schweizerischen Behörden 154
    - b) Welche Handlungen sind nach dem revDSG strafbar? 155
      - aa) Informations-, Auskunfts-, und Mitwirkungspflichten 155
      - bb) Sorgfaltspflichten 155
      - cc) Berufliche Schweigepflicht 156
      - dd) Missachtung von Verfügungen 157
      - ee) Verjährung 157
    - c) Wie wird die Bussenhöhe berechnet? 157
    - d) Welche Rolle spielt der EDÖB im Strafverfahren? 158
  - 4. Das zivilrechtliche Verfahren 158

	II.	Rechtsdurchsetzung unter der DSGVO	158
		1. Befugnisse der Aufsichtsbehörden	159
		2. Bussen von Aufsichtsbehörden von Mitgliedstaaten der EU, Norwegen, Island und Liechtenstein	159
		3. Welche Faktoren werden bei der Berechnung der Busse durch die Aufsichtsbehörden berücksichtigt?	160
		4. Was kann gegen Beschlüsse der Aufsichtsbehörden getan werden?	161
	III.	Welche Aufsichtsbehörde ist zuständig?	161
		1. Wie regelt die DSGVO die internationale Zuständigkeit?	161
		2. Wie regelt das revDSG die innerschweizerischen Zuständigkeiten?	162
		3. Was passiert, wenn ein Zuständigkeitskonflikt zwischen dem EDÖB und einer EU-Aufsichtsbehörde vorliegt?	162
		4. Praxisbeispiele	163
	IV.	Wie kann Beschwerde bzw. Anzeige bei der Aufsichtsbehörde erhoben werden und was sind die Folgen?	164
		1. Anzeige nach revDSG	164
		2. Beschwerde nach DSGVO	164
	V.	Inwiefern können Bussen von Aufsichtsbehörden der DSGVO gegen Schweizer Unternehmen durchgesetzt werden?	165
§ 10.		Checklisten DSGVO/revDSG-Konformität	166
	I.	Vorfrage	166
	II.	Checkliste DSGVO	166
	III.	Checkliste revDSG	168
§ 11.		Gesetzgebung / Ausblick	171
	I.	Weshalb wurde das Schweizerische Datenschutzgesetz (DSG) revidiert?	171
		1. Wann wird das neue Schweizerische Datenschutzgesetz in Kraft treten?	171
		2. Welche Änderungen wird das neue Schweizerische Datenschutzgesetz bringen?	171
	II.	Ausblick	172
		1. EU	172
		2. Schweiz	173
Wichtigste Links			174
	I.	Datenschutz.law	174
	II.	Grundsätze Datenschutz	175
	III.	Datenexporte	175
	IV.	Auskunftsanspruch	175
	V.	Datensicherheit	176
	VI.	Behörden	176
Die wichtigsten Begriffe			177

Einleitung

Mit dem Erlass der DSGVO wurde das Datenschutzniveau in der EU erheblich erhöht. Damit der Schweizer Datenschutz mithalten kann, wurde das Datenschutzgesetz und die dazugehörigen Verordnungen überarbeitet. Damit wurden auch in der Schweiz die Anforderungen an den Datenschutz erhöht. Auf eine Übernahme sämtlicher Vorschriften der EU wurde aber verzichtet.

Das neue Datenschutzrecht der Schweiz wird am 1. September 2023 in Kraft treten. Eine Übergangsfrist wird es nicht geben. Das bedeutet, dass sich Schweizer Unternehmen, Stiftungen und Vereine ab dem 1. September 2023 an die neuen Vorschriften halten müssen.

Eine frühzeitige Umsetzung der neuen Anforderungen ist empfehlenswert, zumal deren Verletzung neu eine Busse von bis zu CHF 250'000 für einzelne Personen zur Folge haben kann.

Einige Schweizer Unternehmen sind bereits heute im Europäischen Wirtschaftsraum tätig. Damit sollten sie die Vorgaben der DSGVO bereits erfüllen und müssen kein umfangreiches Compliance-Projekt mehr starten. Unternehmen die bisher noch nicht unter dem Einfluss der DSGVO standen, sehen sich hingegen unter Umständen mit einem grossen datenschutzrechtlichen Handlungbedarf konfrontiert.

Unser Anspruch ist es daher, dass Sie sich eine rasche Übersicht über die Neuerungen im schweizerischen Datenschutzrecht verschaffen können. Gleichzeitig zeigen wir Ihnen auf, wo die Unterschiede und Gemeinsamkeiten zwischen der DSGVO und dem Schweizer Datenschutzrecht liegen.

Mit Hilfe des vorliegenden Buches werden Sie selbst entscheiden können, zu welchen Fragen Sie einen Experten konsultieren sollten und welche Frage Sie intern angehen können.

Um Ihnen die Umsetzung des neuen Datenschutzrechts zu erleichtern, enthält dieses Werk zahlreiche Handlungsanweisungen, Praxistipps und Beispiele.

Das vorliegende Werk richtet sich an Schweizer Unternehmen und deren Entscheidungsträger. Diese zweite Auflage richtet sich explizit auch an Schweizer Stiftungen und Vereine. Mit Ausnahme der grossen international tätigen Verbände und Non-Profit Organisationen werden sich die wenigsten von Ihnen vertieft mit Datenschutz auseinandergesetzt haben.

Aus unserer Praxiserfahrung wissen wir, dass gerade Vereine und Stiftungen über eine Vielzahl an heiklen Daten verfügen. Dies trifft besonders auf Einrichtungen zu, die im Sport-, Gesundheits- oder im Sozialbereich unterwegs sind. Oftmals fehlt es jedoch an einem genügenden Datenschutz- oder Datensicherheitsbewusstsein. Die Personendaten liegen verstreut auf privaten Geräten von Mitarbeitenden, Freiwilligen oder Vereinsvorständen und niemand hat eine Übersicht. Das ist ein erhebliches Sicherheitsrisiko. Findet sich eine Person, die sich diesem Thema annehmen will, ist das nötige Knowhow meist nicht vorhanden.

10 Die einzelnen Kapitel dieses Buches behandeln die wichtigsten Themen des Datenschutzrechts. Sie sind unabhängig voneinander, weshalb Sie einzelne Themen nachschlagen können.

11 Aus Gründen der besseren Lesbarkeit wird in diesem Buch bei Personenbezeichnungen und personenbezogenen Hauptwörtern abwechselnd nach Kapiteln das generische Maskulinum bzw. das generische Femininum verwendet. Entsprechende Begriffe gelten im Sinne der Gleichbehandlung immer für alle Geschlechter. Die gewählte Sprachform hat ausschliesslich redaktionelle Gründe und beinhaltet keine Wertung.

12 Die Herausgeber bedanken sich herzlich beim Team der Domenig & Partner Rechtsanwälte AG, namentlich bei Frau Rechtsanwältin Elisa Tolaj, Herrn BLaw Lukas Stoller, Herrn Leon De Gottardi und Frau BLaw Anjulie Bencivenga für die ausserordentlich wertvolle Mitarbeit.

Bern, den 1. September 2022
Benjamin Domenig
Christian Mitscherlich
Chantal Lutz

§ 1. Anwendbarkeit des revDSG und der DSGVO

I. Welches Recht ist auf mein Unternehmen anwendbar?

In der Datenschutz-Compliance gibt es zwei Gesetze, die für Schweizer Unternehmen, Stiftungen und Vereine wichtig sind:
- das Bundesgesetz über den Datenschutz («DSG») und
- die europäische Datenschutz-Grundverordnung («DSGVO»).

Das DSG gilt vor allem für die Schweiz. Es kann aber, sowie die DSGVO auch, sog. «extraterritoriale Wirkung» haben. Das heisst, unter gewissen Umständen gilt es auch für ausländische Unternehmen.

II. Was ist der aktuelle Stand der Gesetzesrevision in der Schweiz?

In der Schweiz wurde das DSG vor zwei Jahren revidiert («revDSG»). Die neuen Pflichten für Schweizer Unternehmen stehen seit September 2020 fest.

Im Fokus stand eine Angleichung an die strengeren Vorgaben der DSGVO. Die Schweiz ist darauf angewiesen, dass die EU das schweizerische Datenschutzniveau als angemessen anerkennt. Auf internationaler Ebene dient die Gesetzesrevision daher dem unkomplizierten Anschluss an den EU-Datenraum.

Der Bundesrat hat am 31. August 2022 beschlossen, dass das revDSG am **1. September 2023** in Kraft tritt.

Die Vorgaben des revDSG werden in zwei Verordnungen konkretisiert:
- Datenschutzverordnung («DSV»)
- Verordnung über Datenschutzzertifizierungen («VDSZ»)

Die DSV enthält die detaillierten Vorgaben an die Datensicherheit und regelt die Umsetzung der Betroffenenrechte näher. Sie enthält ausserdem weitere Vorschriften zur Dokumentations- und Aufbewahrungspflicht, zur Datenauslagerungen und zu internationalen Datenübermittlungen.

Die VDSZ regelt das Akkreditierungs- und Zertifizierungsverfahren in Bezug auf Datenschutzmanagementsysteme sowie Produkte, Dienstleistugnenund Prozesse, die hauptsächlich der Bearbeitung von Personendaten dienen oder bei deren Benutzung Personendaten erzeugt werden.

III. Inwiefern ist mein Unternehmen von der Gesetzesrevision in der Schweiz betroffen?

21 Jene Unternehmen, die bereits DSGVO-konform sind, haben schätzungsweise **90% aller Anforderungen** des revDSG erfüllt. Es lohnt sich für solche Unternehmen dennoch, sich mit den restlichen Vorgaben vertraut zu machen. So trägt Datenschutz-Compliance zur guten Reputation eines Unternehmens bei.

22 Jene Unternehmen hingegen, die sich zum ersten Mal mit Datenschutz auseinandersetzen, haben grossen Nachholbedarf.

1. Persönlicher Anwendungsbereich des revDSG

23 Nicht nur Unternehmen, die im Business-to-Consumer-Bereich tätig sind, arbeiten mit Personendaten. **Jedes Schweizer Unternehmen, jede Stiftung, jeder Verein «bearbeitet» bewusst oder unbewusst Personendaten**, denn: jede dieser Entitäten hat entweder Mitarbeitende, Geschäftsleitungsmitglieder, Vorstandsmitglieder, Lieferantinnen oder Geschäftspartnerinnen, deren Kontaktangaben in einem unternehmenseigenen System gespeichert sind.

24 Dies betrifft Bauunternehmen, Transport- und Logistikunternehmen, Rohstoffhändlerinnen, Stromlieferantinnen und weitere Infrastrukturbetriebe in gleichem Masse wie Spitäler, Restaurants, Haarsalons und Treuhänderinnen (Art. 2 revDSG).

25 Unbeachtlich ist auch, ob das Unternehmen als Dateneigentümerin bzw. wirtschaftlich Berechtigte gilt. Auch beim sog. «**Bearbeiten im Auftrag**», wie das viele IT-Provider tun, ist das Datenschutzgesetz anwendbar (Art. 9 revDSG).

26 Das DSG ist auch auf sog. «**Bundesorgane**» anwendbar, also sämtliche Bundesbehörden sowie Private, die Bundesaufgaben erfüllen.

Ausnahmen:

27 Eine Ausnahme besteht für die Bundesversammlung und die parlamentarischen Kommissionen im Rahmen ihrer Beratungen sowie für Gerichtsbehörden und teilweise für öffentliche Register (bspw. Handelsregister). Für diese Instanzen sind die Bearbeitung von Personendaten und die Rechte der Betroffenen in der Regel in einem Spezialgesetz oder im Verfahrensrecht selbst geregelt (bspw. in der Strafprozessordnung).

Keine Geltung hat das revDSG für kantonale Behörden, solange sie kantonale Aufgaben erfüllen. Die Kantone haben ihre eigenen Datenschutzgesetze erlassen.

Es gibt sogar Gemeinden, die über eigene Datenschutzerlasse verfügen, wie die Stadt Zürich. In ihrer Datenschutzverordnung regelt sie bspw. die öffentliche Videoüberwachung.

Eine entsprechende Übersicht findet sich auf der Webseite der Konferenz der schweizerischen Datenschutzbeauftragten «privatim» (vgl. www.privatim.ch).

Keine Anwendung findet das revDSG schliesslich bei Bearbeitungen zum persönlichen Gebrauch im Privat- und Familienleben. Darunter fallen auch eigene berufliche Notizen, die als Arbeitshilfe oder Gedächtnisstütze gemacht werden.

2. Sachlicher Anwendungsbereich des revDSG

Das revDSG und dessen Verordnunden sind sachlich anwendbar, sobald eine Bearbeitung von Personendaten erfolgt.

a)   Was sind Personendaten bzw. personenbezogene Daten?

Personendaten sind alle Informationen, die sich auf eine **natürliche Person** (nachfolgend sprechen wir daher von der «**betroffenen Person**») beziehen, wenn diese identifizierbar ist (Art. 5 Abs. 1 lit. a revDSG). Dieselben Ansätze **gelten auch unter der DSGVO**, welche den Begriff «personenbezogene Daten» verwendet. Dieser ist deckungsgleich mit «Personendaten» im revDSG.

Unter dem alten DSG geniessen auch juristische Personen einen Datenschutz. Dieser Schutz für Unternehmen fällt im revDSG weg; dieses schützt nur noch natürliche Personen. Unternehmensdaten müssen daher anders abgesichert werden, bspw. über Geheimhaltungsvereinbarungen.

Identifizierbar ist die Person, wenn sie aufgrund von den zur Verfügung stehenden Informationen bestimmt werden kann. Kann die Person bspw. mittels Zuordnung zu einer Kennung wie einem Namen, zu einer Kennnummer (Passport-Nr., IP-Adresse etc.), zu Standortdaten oder zu einer Online-Kennung bestimmt werden, so handelt es sich dabei um Personendaten.

Nicht zu vergessen sind sämtliche **Metadaten**, die Unternehmen bearbeiten. Dabei kann es sich um Fahrzeug-Logs, Geräte-IDs, Verbindungsdaten oder auch Daten von Gerätesensoren handeln (bspw. von Luftfeuchtigkeitsmessern).

37 Durch Hinzufügen von weiteren Informationen kann ein Unternehmen teilweise Rückschlüsse auf die Person ziehen, welche ein Fahrzeug nutzt oder einen intelligenten Luftfeuchtigkeitsmesser bei sich zu Hause installiert hat. Je nachdem, mit wie viel Aufwand sich einzelne Personen identifizieren lassen, gelten solche Metadaten als Personendaten, die Datenschutz geniessen.

38 Dabei kommt es auf die **konkreten Identifikationsmöglichkeiten und Interessen** der Inhaberin und gegebenenfalls der Empfängerin der Personendaten an (sog. relativer Ansatz).

Beispiel:

39 Webshop A speichert die dynamischen IP-Adressen der Besucherinnen, sowie das Datum und die Uhrzeit des Besuchs in einem Log-File ab.

Variante 1:

40 Webshop A erhebt die dynamischen IP-Adressen der Besucherinnen, sowie das Datum und die Uhrzeit des Besuchs über ein Cookie und bietet die Bestellmöglichkeit via Login an. Sobald sich eine Besucherin einloggt, wird die IP-Adresse mit ihren Account-Informationen verknüpft.

Variante 2:

41 Eine Hackerin versucht, sich unberechtigt Zugang zum Webserver des Shops zu beschaffen. Die Hostinganbieterin registriert die IP-Adresse, von der aus die Zugriffsanfrage erfolgt.

Lassen sich die entsprechenden Personen über die dynamische IP-Adresse identifizieren?

Lösung:

42 Nein. Die dynamischen IP-Adressen werden vom Internet-Service-Provider mit Datum und Uhrzeit ihrer Vergabe protokolliert. Die Information darüber, wem die IP-Adresse zugeordnet wurde, unterliegt allerdings dem Fernmeldegeheimnis und darf nicht publiziert oder an Private herausgegen werden. Webshop A verfügt also nicht über die Möglichkeiten, die Besucherinnen zu identifizieren.

Variante 1:

> Ja. In diesem Fall erfolgt eine eindeutige Identifikation der betroffenen Person. Die über das Cookie gespeicherten IP-Adressen sind somit im Zweifelsfall Personendaten, da sich die jeweiligen Besucherinnen jederzeit registrieren könnten.

43

Variante 2:

> Ja. Der Webshop A kann Strafanzeige wegen versuchtem, unbefugtem Eindringen in eine Datenverarbeitungsanlage einreichen. Die Strafbehörden können vom Internet-Service-Provider verlangen, die Identitätsdaten der Hackerin zwecks Aufklärung der Straftat herauszugeben. So erfährt Webshop A, wer die Täterin war.

44

b)   Was ist das Bearbeiten bzw. Verarbeiten von Personendaten?

Generell reicht der «Ruhezustand», das heisst die Speicherung von Daten bereits aus, um als **Bearbeitung**» im rechtlichen Sinne zu gelten. Es spielt auch keine Rolle, ob diese Daten vor Ort («On-Prem») oder in einer (Public-)Cloud gespeichert sind (Art. 5 Abs. 1 lit. d revDSG).

45

Der Begriff wird offensichtlich ausserordentlich breit verstanden und umfasst vereinfacht gesagt **jede Tätigkeit in Zusammenhang mit den Personendaten**: das Erheben, das Erfassen, die Organisation, das Ordnen, die Speicherung, die Anpassung oder Veränderung, das Auslesen, das Abfragen, die Verwendung, die Offenlegung durch Übermittlung, Verbreitung oder eine andere Form der Bereitstellung, den Abgleich oder die Verknüpfung, die Einschränkung, das Löschen oder die Vernichtung von personenbezogenen Daten.

46

Dieselben Ansätze gelten auch unter der DSGVO, welche den Begriff «Verarbeiten» verwendet. Dieser ist deckungsgleich mit «Bearbeiten» im revDSG.

47

3.   Räumlicher Anwendungsbereich des revDSG

Jede juristische Person, jede Personengesellschaft, jede Stiftung und jedes Einzelunternehmen mit Sitz, (Zweig-)Niederlassung bzw. Domizil in der Schweiz ist von der Gesetzesrevision betroffen, solange deren Bearbeitungen einen genügenden Bezug zur Schweiz aufweisen (Art. 3 revDSG).

48

Beispiel:

49 Die Server GmbH mit Sitz in Hamburg verfügt über einen Serverstandort in der Schweiz. Diesen Standort wählte sie aufgrund der hohen Sicherheitsstandards des Schweizer Rechenzentrums, in welchem der Server betrieben wird. Die Server GmbH ist nicht sicher, ob sie nun auch das revDSG beachten muss oder ob es ausreicht, wenn sie sich an die DSGVO hält. Auf diesem Server werden:

Variante 1:

50 Personaldossiers der deutschen Mitarbeitenden der Server GmbH gespeichert.

Variante 2:

51 Kundendaten gespeichert. Darunter befinden sich auch Adressdaten von Personen, die in der Schweiz wohnen.

Lösung:

Variante 1:

52 Die Verarbeitung weist, abgesehen vom Serverstandort, keinen Bezug zur Schweiz auf. Die Server GmbH verfügt über keine Niederlassung, Geschäftsstelle oder sonstige physische Präsenz in der Schweiz. Es sind keine Personen betroffen, die sich in der Schweiz aufhalten. Die Bearbeitung hat daher keinen genügenden Bezug zur Schweiz und die Server GmbH muss das revDSG nicht beachten.

Variante 2:

53 Die Verarbeitung betrifft Personen, die sich in der Schweiz aufhalten. Die Verarbeitung weist daher einen genügenden Bezug zur Schweiz auf. Die Server GmbH muss nebst der DSGVO auch das revDSG beachten.

4. Wann muss mein Unternehmen das kantonale Datenschutzrecht oder die strengeren Anforderungen für Bundesorgane beachten?

54 Behörden können in gewissen Bereichen **öffentliche Aufgaben an private Unternehmen** auslagern. Ein Beispiel dafür ist die Gemeindepatrouille, mit der regelmässig private Sicherheitsfirmen beauftragt werden.

55 In einem solchen Fall erfüllt das private Unternehmen die Aufgabe selbst und ist nicht nur Auftragsverarbeiterin. Damit wird das Unternehmen zum «öf-

fentlichen Organ» im rechtlichen Sinn und muss sich an die strengeren gesetzlichen Vorgaben halten.

Auch öffentlich-rechtliche Anstalten wie Gebäudeversicherungen oder öffentlich-rechtliche Aktiengesellschaften wie die Post oder die Swisscom müssen sich an die datenschutzrechtlichen Anforderungen für öffentliche Organe halten, solange sie im Rahmen des gesetzlichen Auftrags tätig sind. Sobald sie im Wettbewerb mit anderen privaten Anbieterinnen stehen, gelten in diesem Bereich die datenschutzrechtlichen Vorgaben für Private.

Wenn eine kantonale Behörde oder eine Gemeinde eine Aufgabe an ein privates Unternehmen auslagert, muss dieses Unternehmen die besonderen Vorschriften des jeweiligen kantonalen Datenschutzgesetzes einhalten.

Dasselbe gilt bei Bundesaufträgen, hier gelten die entsprechenden Vorschriften im Bundesgesetz über den Datenschutz für Bundesorgane.

5. Was bedeutet eine Aufgabenauslagerung für «mein Unternehmen»?

Im Rahmen des öffentlichen Auftrags dürfen Personendaten nur dann verarbeitet werden, wenn dafür eine **Grundlage in einem Gesetz** besteht. Darüber hinausgehende Verarbeitungen (bspw. Marketing für privatrechtliche Angebote des Unternehmens) sind unzulässig. Die Verarbeitung ist also **streng zweckgebunden**.

Es dürfen nur so viele Daten wie nötig und so wenige wie möglich verarbeitet werden. Dies entspricht dem **Gebot der Datensparsamkeit**.

Die **Rechte der betroffenen Personen** (bspw. auf Auskunft über die verarbeiteten Daten) müssen gewahrt werden (vgl. hinten § 7).

Des Weiteren gelten die **Bearbeitungsgrundsätze** (vgl. hinten § 2).

IV. Ist meine Unternehmung von der Datenschutz-Grundverordnung der EU (DSGVO) betroffen?

Beispiel:

Frau Fuchs ist CEO eines Unternehmens mit Sitz in der Schweiz. Sie benutzt zur Verwaltung ihrer Dokumente eine Softwareanbieterin mit Sitz in den USA (bspw. Dropbox). Die Dokumente beinhalten auch Daten von Kundinnen und Lieferantinnen. Vorwiegend handelt es sich dabei um Kundinnen und Lieferantinnen aus der Schweiz und Deutschland. Sie fragt sich, ob die DSGVO für sie anwendbar ist.

Lösung:

64 Für diejenigen Kundinnen und Lieferantinnen, die sich in der EU aufhalten, ist die DSGVO zu beachten. Das allerdings nur, wenn es sich dabei um natürliche Personen handelt. Die Kundinnen und Lieferantinnen, welche juristische Personen sind (AG, GmbH etc.), können sich nicht auf die DSGVO berufen. Das hat zur Folge, dass Frau Fuchs zwei unterschiedliche Gesetze beachten muss: Für die Personen aus dem EU-Raum ist die DSGVO anwendbar. Für die Personen aus der Schweiz ist das DSG anwendbar.

1. Persönlicher und sachlicher Anwendungsbereich der DSGVO

65 Die DSGVO hat einen ausserordentlich breiten Anwendungsbereich. Sie ist **anwendbar sobald personenbezogene Daten in einem Dateisystem gespeichert sind oder gespeichert werden sollen** (Art. 2 § 1 DSGVO). Es spielt keine Rolle, ob die personenbezogenen Daten von einer natürlichen oder einer juristischen Person verarbeitet werden. Ebenfalls nicht relevant ist, ob eine natürliche oder juristische Person des öffentlichen Rechts (Staat, Behörden, Departemente etc.) oder des privaten Rechts (Unternehmen und Privatpersonen) die Daten verarbeitet.

66 Wie das DSG ist auch die DSGVO nicht auf Verarbeitungen zur Ausübung ausschliesslich **persönlicher oder familiärer Tätigkeiten** anwendbar. Im Gegensatz zum DSG darf hierbei aber kein Bezug zur beruflichen Tätigkeit bestehen. Das **geschäftliche Notizbuch** fällt demnach unter die DSGVO. Die weiteren Ausnahmen sind für Schweizer Unternehmen weitgehend irrelevant (weiterführend, vgl. Art. 2 § 2 DSGVO).

2. Räumlicher Anwendungsbereich der DSGVO

67 Im Zusammenhang mit dem räumlichen Anwendungsbereich entfaltet die DSGVO **extraterritoriale Wirkung**. Das heisst, dass die Anwendung nicht auf das Territorium der EU beschränkt ist. Massgebend ist, wie sich die personenbezogene Verarbeitung der Daten auf den Raum der EU auswirkt, unabhängig davon, ob die Verarbeitung der Daten in der EU oder ausserhalb der EU (wie bspw. in der Schweiz) stattfindet.

68 Anhand der folgenden **Kriterien** kann geprüft werden, ob Ihre Unternehmung von der DSGVO betroffen ist:
- **Kriterium der Niederlassung.** Hat die Verantwortliche (diejenige, welche die Daten verarbeitet) oder die Auftragsverarbeiterin (wenn die Verantwortliche die Verarbeitung der Daten an eine Dritte überträgt) ihre

Niederlassung in der **Europäischen Union**, dann findet die DSGVO ohne Weiteres Anwendung, soweit die Datenverarbeitung im Rahmen der **Tätigkeit der Niederlassung** erfolgt.

Beispiel:

Ein Unternehmen mit Sitz in Brasilien betreibt einen Webshop, wo auch die Datenverarbeitung erfolgt. Einerseits befindet sich dort der Webserver, andererseits verarbeiten die Mitarbeitenden dieses Unternehmens die Kundendaten am Unternehmenssitz in São Paulo.

Nun hat sich dieses Unternehmen in Wien in einem Co-Working-Space eingemietet, weil es mittelfristig in die EU expandieren möchte. Das Unternehmen hat deshalb eine Marketingspezialistin angestellt, die in Wien für die europäische Marktforschung zuständig ist.

69

Lösung:

Die Tätigkeit der Marketingspezialistin ist untrennbar mit der Verarbeitung von Personendaten über den Webshop des brasilianischen Unternehmens verbunden, da sie aus dem Kaufverhalten und dem Webshop-Tracking wichtige Erkenntnisse für den Europäischen Markt gewinnt.

Damit erfolgt die Tätigkeit des brasilianischen Unternehmens in Zusammenhang mit der österreichischen Niederlassung und dessen Verarbeitungstätigkeit unterliegt der DSGVO.

70

– **Kriterium des Zielmarktes (auch: Marktortprinzip).** Hier ist die Beantwortung folgender Frage relevant: «Wo hat die Person, deren Daten verarbeitet werden ihren Aufenthaltsort?». Befindet sich der **Aufenthaltsort in der EU** (oder in einem der **EFTA-Staaten Island, Norwegen oder Liechtenstein**), dann ist die **DSGVO anwendbar** und zwar unabhängig davon, ob die Verarbeitung ausserhalb der EU erfolgt. Damit sind insbesondere **Internetnutzerinnen** gemeint, deren Daten von ausserhalb der EU verarbeitet werden.

Für **Schweizerische Unternehmen** ist das **Kriterium des Zielmarktes** von grosser Bedeutung: Wenn das Schweizerische Unternehmen bspw. über das Internet **Waren oder Dienstleistungen** an Personen anbietet, die sich in der EU aufhalten, dann ist die **DSGVO** in aller Regel **anwendbar**. Irrelevant ist, ob für die Waren und Dienstleistungen ein Entgelt verlangt wird. Das heisst, dass auch das Anbieten von Gratisprodukten und Gratisdienstleistungen in den Anwendungsbereich der DSGVO fallen, wenn sich das Angebot an Personen richtet, die sich in der EU aufhalten (oder einem der **EFTA-Staaten Island, Norwegen oder Liechtenstein**).

71

72 Die Schweizerischen Unternehmen können die Anwendung des DSGVO nicht vermeiden, indem sie bspw. auf ihrer **Homepage erklären, dass keine Waren oder Dienstleistungen** an Kundinnen in der EU oder einem EFTA-Staat angeboten werden, diese aber dennoch bestellt werden können. Wird hingegen durch technische Massnahmen sichergestellt, dass Personen aus einem EU- oder EFTA-Staat nicht auf die Homepage zugreifen können, bzw. keine Bestellungen ausführen können, ist die DSGVO nicht anwendbar.

73 Wenn das Unternehmen mit Sitz in der Schweiz zwar keine Waren und / oder Dienstleistungen anbietet, aber das **Verhalten von Personen** innerhalb der EU oder den EFTA-Staaten **beobachtet**, dann ist die **DSGVO** ebenfalls **anwendbar**. Das ist dann der Fall, wenn Daten erhoben werden, um über die Internetaktivitäten der Benutzerinnen, Profile bezüglich der Vorlieben und Verhaltensweisen zu erstellen. Letzteres betrifft vor allem Betreiberinnen sozialer Netzwerke, Webtracking-Unternehmen und das Anbieten von Location Based Services.

§ 1 Anwendbarkeit des revDSG und der DSGVO

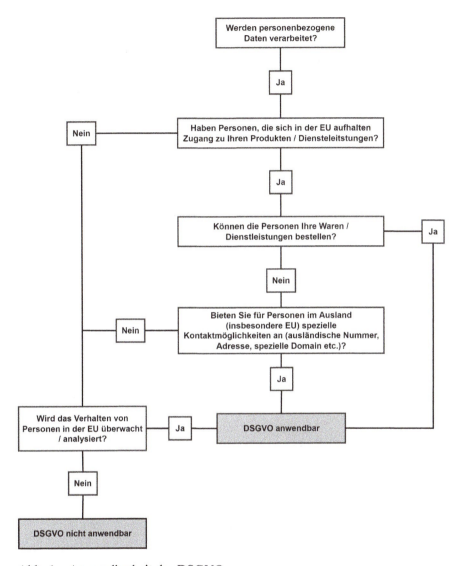

Abb. 1 – Anwendbarkeit der DSGVO

§ 1 Anwendbarkeit des revDSG und der DSGVO

a)   Mein Unternehmen befindet sich in der Grenzregion zu einem EU-Land. Unter den Angestellten befinden sich deshalb Personen aus der EU (Grenzgängerinnen). Muss ich für diese Personen die DSGVO beachten?

74   Die DSGVO als solche erfasst das Verhältnis zwischen Arbeitgeberin und Arbeitnehmerin nicht. Art. 3 DSGVO schreibt für den räumlichen Anwendungsbereich vor, dass «**goods or services**» angeboten werden müssen oder das Kriterium der **Verhaltensüberwachung** erfüllt sein muss. Da diese Kriterien bei Arbeitnehmerinnen in der Regel nicht erfüllt sind (es geht um einen Arbeitsvertrag, nicht um Waren / Dienstleistungen), erfasst die DSGVO das **Arbeitsverhältnis per se nicht**.

75   Das Arbeitsverhältnis wird in Art. 88 DSGVO aufgenommen. Auch hier ist nicht die direkte Anwendung der DSGVO vorgesehen. Vielmehr sind die Mitgliedstaaten verpflichtet, Rechtsvorschriften zu erlassen, die ein hinreichendes Datenschutzniveau für Arbeitnehmerinnen gewährleisten. Mit anderen Worten bleibt dieser Bereich damit den Mitgliedstaaten vorbehalten. Die Umsetzung in Deutschland findet sich in § 26 BDSG.

76   *Hinweis: In der Schweiz ist die Bearbeitung von Personendaten im Bewerbungsverfahren und im Arbeitsverhältnis in Art. 328b des Schweizerischen Obligationenrechts geregelt.*

77   Grundsätzlich ist die erlaubte Datenbearbeitung von Arbeitgeberinnen beschränkt auf die Frage der Eignung für eine Stelle oder auf die Durchführung des Arbeitsverhältnisses. Arbeitgeber haben dabei die Grundsätze des revDSG zu beachten.

b)   Ist meine Unternehmung von der Datenschutz-Grundverordnung der EU (DSGVO) auch dann betroffen, wenn ich nur als Auftragsverarbeiterin Daten verarbeite?

78   – Klarer Fall: Wenn eine Auftragsverarbeiterin in der EU oder einem der EFTA-Staaten Island, Norwegen oder Liechtenstein personenbezogene Daten für ein Schweizer Unternehmen verarbeitet, ist die DSGVO anwendbar, unabhängig davon, ob sie Daten von betroffenen Personen in der Schweiz oder in der EU verarbeitet.
   – Unklar: Wenn Ihre Schweizerische Unternehmung personenbezogene Daten im Auftrag eines europäischen Unternehmens verarbeitet, kann die DSGVO anwendbar sein, muss aber nicht.

§ 1 Anwendbarkeit des revDSG und der DSGVO

Dies soll anhand von drei Beispielen veranschaulicht werden: 79

Beispiel 1:

Ein deutsches Unternehmen bezieht Cloud-Leistungen einer Schweizer Cloud-Anbieterin. 80
Darauf sind unter Umständen Personendaten von deutschen und österreichischen Kundinnen gespeichert. Das Cloud-Angebot richtet sich nur an Unternehmenskundinnen und nicht an private Personen. Es wird kein Angebot an betroffene Personen, die sich in der EU aufhalten, gerichtet. Damit ist die DSGVO dem Wortlaut nach nicht anwendbar.

Beispiel 2:

Klarer ist es, wenn die Cloud-Anbieterin Webhosting-Dienstleistungen für Europäische 81
Webshops anbietet. Da liegt es auf der Hand, dass zwangsläufig Käufe von Personen abgewickelt werden, die in der EU wohnen. Damit richtet sich das Angebot indirekt an Personen, die sich in der EU aufhalten. Eine EU-Aufsichtsbehörde könnte hier die Ansicht vertreten, dass die DSGVO Anwendung findet.

Beispiel 3:

Eine schweizerische Auftragsbearbeiterin erbringt Logistikdienstleistungen für ein polnisches Unternehmen, das Waren an schweizerische Drogerien liefert. Es handelt sich oftmals um Einzelunternehmen und die Adressierung enthält die Namen der Unternehmensinhaberinnen. Hier sind keine Personen von der Bearbeitung betroffen, die sich in der EU aufhalten. Die DSGVO ist nicht anwendbar. 82

3. Weitere Fallbeispiele

Beispiel 1:

Eine Schweizerische Marketingagentur hat eine Homepage. Diese ist nicht interaktiv und 83
bewirbt den EU-Markt nicht (keine E-Mail-Adresse, Post etc.). Dessen ungeachtet meldet sich eine potentielle Kundin aus Deutschland über die Homepage.

Lösung 1:

Die DSGVO ist deshalb noch nicht anwendbar. Die Marketingagentur bearbeitet den 84
Europäischen Markt nicht aktiv. Zufallskontakte aus dem Europäischen Raum reichen nicht aus, um die DSGVO anwendbar werden zu lassen. Die Marketingagentur darf die Personendaten der Anfragenden daher bearbeiten, ohne dass sie die DSGVO beachten muss.

§ 1 Anwendbarkeit des revDSG und der DSGVO

Beispiel 2:

85 | Ein schweizerisches Unternehmen, das Luxusapartments in Gstaad vermietet, führt seine Webseite auf Deutsch und Englisch. Die Zahlung ist in Schweizer Franken möglich. In den Apartments werden Gäste aus der ganzen Welt beherbergt, die über persönliche Empfehlungen darauf aufmerksam wurden. Nun möchte das Unternehmen das Marketing erweitern und hat deshalb die letztjährigen Besucherzahlen ausgewertet. Es stellte sich heraus, dass die Grosszahl der Gäste aus Grossbritannien und Frankreich stammen. Nun spielt das Unternehmen gezielt Google Ads für diese beiden Länder aus.

Lösung 2:

86 | Bisher wurde der EU-Markt nicht beworben und die Webseite enthält, abgesehen von der englischen Sprache, keine Indizien dafür. Damit bestand auch kein gezieltes Ausrichten des eigenen Angebots auf Personen, die sich in der EU aufhalten. Dies ändert sich nun durch das Ausspielen von Google Ads an Personen, die sich in Frankreich aufhalten. Die DSGVO ist deshalb anwendbar.

§ 2. Grundsätze der Datenverarbeitung für mein Unternehmen

I. Wie wird der Schutz personenbezogener Daten sichergestellt?

Beispiel:

Die Consulting AG bietet Beratungsdienstleistungen für Privatpersonen an. Unter den Kunden befinden sich auch Personen mit Wohnsitz in der EU. Die Consulting AG führt ein Kundenverzeichnis und schreibt ihre Kunden mehrmals pro Jahr mit einem Newsletter an, um ihnen neuste Entwicklungen in ihrem Bereich aufzuzeigen. Jeweils zu Weihnachten sendet sie den Kunden eine Weihnachtskarte an deren Adresse.	87

Variante:

Unter den Kunden befinden sich nur Personen mit Wohnsitz in der Schweiz. Das Unternehmen hat die notwendigen technischen Massnahmen getroffen, damit nur Kunden aus der Schweiz Zugriff auf die Webseite haben.	88

Lösungen:

Die Lösungen folgen nach und nach im Verlauf dieses Abschnitts.	89

1. Allgemeine Grundsätze der Datenverarbeitung

Die DSGVO und das revDSG stellen den Schutz personenbezogener Daten auf mehreren Stufen sicher. So werden dem **Verantwortlichen** für die Datenverarbeitung eine Vielzahl von Pflichten bezüglich der Datenverarbeitung, der Organisation und der Kontrolle übertragen. Gleichzeitig kann der **Betroffene** aufgrund der Transparenzvorschriften die Verarbeitung seiner Daten überprüfen und gegebenenfalls gerichtlich durchsetzen. Zudem bestehen **staatliche Aufsichtsbehörden**, welche Sanktionen aussprechen können (vgl. hinten § 9). 90

Das Datenschutzrecht regelt insbesondere die Rechte und Pflichten zwischen den Verantwortlichen, Betroffenen und dem Staat. Dabei treffen die Pflichten insbesondere die Verantwortlichen in Bezug auf die Rechte der Betroffenen. Dem Staat kommt hauptsächlich eine Aufsichtsrolle zu. 91

§ 2 Grundsätze der Datenverarbeitung für mein Unternehmen

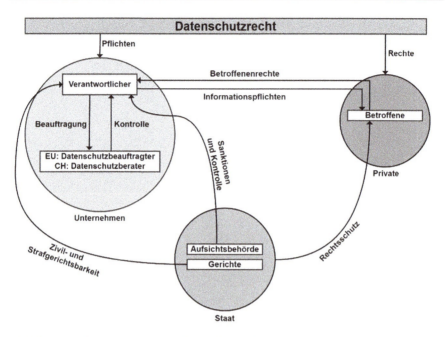

Abb. 1 – Grundsätze und Rollen im Datenschutzrecht

92 Die DSGVO lässt ihren Mitgliedstaaten überdies Raum für **nationale ergänzende Regelungen**.

93 Auch in der Schweiz gibt es **zahlreiche Spezialgesetze**, in denen spezifische Datenschutzbestimmungen enthalten sind, bspw.:
  – im Schweizerischen Obligationenrecht für die Datenbearbeitung durch das eidgenössische **Handelsregisteramt**;
  – im Bundesgesetz über die berufliche Alters-, Hinterlassenen- und Invalidenvorsorge betreffend die Datenbearbeitung durch **Pensionskassen**; oder
  – im Bundesgesetz über Geldspiele für **Casinos**.

94 Unabhängig von allfälligen Spezialregelungen gelten bei der Bearbeitung von Personendaten folgende **sieben Grundpfeiler**:
  – Rechtmässigkeit der Datenverarbeitung
  – Transparenz
  – Rechte der Betroffenen
  – Datenschutzkonforme Organisation
  – Kontrolle
  – Sanktionen
  – Öffnung

2. Rechtmässigkeit der Datenverarbeitung

Nach der DSGVO ist die Verarbeitung von personenbezogener Daten grundsätzlich verboten (**Verbotsprinzip**). Die Verarbeitung wird aber rechtmässig, wenn ein sog. **Erlaubnistatbestand** erfüllt ist. Dies ist bspw. bei einer Einwilligung des Betroffenen zur Datenverarbeitung der Fall oder wenn die Datenverarbeitung zur Durchführung eines Vertrages notwendig ist (vgl. hinten § 3).

Die Datenbearbeitung ist in der **Schweiz**, anders als in der EU, **grundsätzlich zulässig**, sofern die **Bearbeitungsgrundsätze** des revDSG beachtet werden (vgl. hinten § 3). In einem solchen Fall braucht es bspw. keine Einwilligung. Hier gilt das Erlaubnisgebot.

Merke: Im schweizerischen Datenschutzrecht sind Datenbearbeitungen immer erlaubt, ausser sie sind ausdrücklich verboten. Unter der DSGVO hingegen sind Datenverarbeitungen grundsätzlich verboten, ausser sie sind durch einen Erlaubnistatbestand gerechtfertigt.

Lösung:

> Die Verarbeitung der Kundendaten durch die Consulting AG im genannten Fallbeispiel ist ohne Erlaubnistatbestand nicht gestattet. Soweit die Kundendaten zur Ausführung des Beratungsauftrages benötigt werden, ist die Datenverarbeitung aufgrund des Erlaubnistatbestandes der Durchführung eines Vertrages zulässig (vgl. hinten § 3). Werden die Daten, wie in unserem Beispiel, noch für weitere Zwecke verwendet (Versendung von Newslettern oder Weihnachtskarten), muss dafür eine Einwilligung der Kunden vorliegen.
>
> Die Direktwerbung ist ein berechtigtes Interesse des Verantwortlichen. Daher kann sich die Consulting AG für die Versendung des Newsletters und der Weihnachtskarten somit auf ihre berechtigten Interessen berufen, sofern denen keine überwiegenden Interessen der Betroffenen entgegenstehen. In diesem Fall bräuchte sie keine Einwilligung (vgl. hinten § 4).

Variante:

> Die Verarbeitung von Daten, die die Consulting AG für die Ausführung des Beratungsauftrages benötigt, ist durch das Vertragsverhältnis abgedeckt. Falls diese jedoch – wie im vorliegenden Fall – weitere Datenverarbeitungen vornehmen möchte, wie bspw. einen Newsletter verschicken, ist die Verarbeitung für den Newsletter für die betroffene Person nicht erkennbar. Hierzu sollte in Anbetracht der Informationspflichten des Verantwortlichen ein Hinweis im Vertrag oder der Datenschutzerklärung, auf die im Vertrag verwiesen wird, aufgenommen werden (vgl. hinten § 6).

Exkurs:

100 Nebst dem revDSG ist die Direktwerbung in der Schweiz im Gesetz über den unlauteren Wettbewerb (UWG) geregelt. Das UWG gilt für den Versand von «Massenwerbung», worunter bspw. Werbe-E-Mails bzw. Newsletter fallen.

101 Der Versand eines Newsletters ist dann unzulässig, wenn:
- keine Einwilligung des Empfängers vorliegt;
- kein korrekter Absender vermerkt wird;
- kein Hinweis auf eine Ablehnungsmöglichkeit enthalten ist (sog. «Opt-Out»).

102 Das Obenstehende gilt allerdings nur für Empfänger, mit denen noch keine Kundenbeziehung besteht. Der Zweck dieser Bestimmung ist es, sicherzustellen, dass E-Mail als Kommunikationsmittel störungsfrei verwendet werden kann und nicht mit Spam-Nachrichten überflutet wird.

103 Werbe-E-Mails können auch ohne Einwilligung an bereits bestehende Kunden gesendet werden (sog. Bestandeskunden-Privileg), wenn Werbung über die **eigenen ähnlichen Waren oder Dienstleistungen** gesendet wird (Art. 3 Abs. 1 lit. o UWG).

104 *Die Marketingabteilung eines schweizerischen Unternehmens muss also nicht nur das revDSG und gegebenenfalls die DSGVO beachten, sondern auch das UWG. Gerade im UWG ist die Strafandrohung gravierender als im revDSG. Bei vorsätzlicher Missachtung des Spam-Verbots und entsprechender Strafanzeige durch den Empfänger droht eine Geld- und im äussersten Fall sogar eine Freiheitsstrafe.*

3. Transparenz

105 Die DSGVO basiert auf dem **Transparenzprinzip**. Dies bedeutet, dass die von der Datenbearbeitung betroffene Person ausführlich über die sie betreffende Datenverarbeitung zu informieren ist. Der Verantwortliche muss den Betroffenen insbesondere mitteilen, **welche Daten**, zu **welchem Zweck**, aufgrund **welcher Rechtsgrundlage** und über **welchen Zeitraum** verarbeitet werden. Diese Informationen müssen den Betroffenen in geeigneter Form zugestellt werden. Üblicherweise geschieht dies durch eine Datenschutzerklärung (vgl. hinten § 6).

106 Durch die Informationspflicht soll der betroffenen Person die Grundlage gegeben werden, die Datenverarbeitung zu kontrollieren und ihre Rechte geltend zu machen.

Nach Art. 6 Abs. 3 revDSG müssen die **Beschaffung** von Personendaten und insbesondere der **Zweck ihrer Bearbeitung** für die betroffene Person **erkennbar sein**. Auch in der Schweiz muss der Verantwortliche über die Bearbeitung von Personendaten **informieren**, falls die Datenbearbeitung für die Betroffenen **nicht erkennbar ist** (Art. 19 revDSG).

107

Lösung:

Die Consulting AG muss ihre Kunden über die Verarbeitung der Personendaten informieren. Insbesondere muss sie ihnen aufzeigen, zu welchem Zweck die Daten verarbeitet werden, auf welche Rechtsgrundlage sich die Verarbeitung stützt und wie lange die Daten gespeichert werden. Die Informationen muss die Consulting AG den Kunden in passender Form zukommen lassen. Bspw. als Anhang zum Mandatsvertrag oder als Datenschutzerklärung auf der Homepage, auf welche die Kunden bei Vertragsabschluss explizit hingewiesen werden (vgl. hinten § 6).

108

Variante:

Die Erkennbarkeit ergibt sich aus den konkreten Umständen. Dass die Personendaten für die Abwicklung des Mandatsvertrags verwendet werden, ist für die betroffene Person offensichtlich, hierzu ist keine zusätzliche Information nötig.

Die Verarbeitung für den Newsletter ist nicht erkennbar, hierzu sollte ein Hinweis im Mandatsvertrag oder der Datenschutzerklärung, auf die im Vertrag verwiesen wird, aufgenommen werden.

109

4. Rechte der Betroffenen

Als zentraler Punkt der Europäischen Datenschutzverordnung und des Datenschutzgesetzes der Schweiz werden den Betroffenen verschiedene Rechte eingeräumt. Dazu gehören unter anderem die Folgenden:
- Auskunftsrecht
- Berichtigungsrecht
- Recht auf Löschung
- Recht auf Einschränkung der Verarbeitung (nur DSGVO)
- Widerspruchsrecht (nur DSGVO)

110

Die Transparenzpflichten des Verantwortlichen ermöglichen es, den Betroffenen diese Rechte wahrzunehmen (vgl. hinten § 7).

111

Lösung (gilt auch für die Variante):

112 Ein Kunde der Consulting AG kann Auskunft darüber verlangen, welche seiner Personendaten durch die Consulting AG verarbeitet werden. Die Consulting AG muss ihm eine Kopie der verarbeiteten Daten zur Verfügung stellen (für nähere Informationen zum Auskunftsrecht vgl. hinten § 7).

Die Kunden haben grundsätzlich ein Recht auf Löschung der Daten. Das Löschungsrecht kann aber nicht geltend gemacht werden, wenn diesem, gesetzliche Aufbewahrungspflichten gegenüberstehen. Dies wäre vorliegend der Fall, da geschäftsrelevante Daten, wozu auch Verträge mit den Kunden gehören, bis zu zehn Jahren aufbewahrt werden müssen.

5. Datenschutzkonforme Organisation

113 Der Verantwortliche muss die geeigneten technischen und organisatorischen Massnahmen treffen, um die rechtmässige Datenverarbeitung zu gewährleisten. Er ist diesbezüglich nachweispflichtig (vgl. hinten § 8).

114 Der Verantwortliche berücksichtigt darüber hinaus die Grundsätze:
- «**Privacy by Design**» («Datenschutz durch Technikgestaltung»), welcher besagt, dass der Datenschutz bereits bei der Entwicklung eines Datenverarbeitungssystems, bspw. einer Softwareentwicklung, berücksichtigt werden muss und
- «**Privacy by Default**» («Datenschutz durch datenschutzfreundliche Voreinstellungen»), wonach die Dienst-, System- oder Gerätevoreinstellungen der genutzten Systeme und Anwendungen bereits datenschutzfreundlich sein sollen.

115 Das bedeutet, dass der Verantwortliche alle Datenverarbeitungssysteme von Beginn an unter Beachtung des Datenschutzes konzipieren muss.

116 Konkrete Beispiele sind:
- **Softwareentwicklung**: Bereits bei der Entwicklung wird dafür gesorgt, dass Daten in regelmässigen Abständen gelöscht, standardmässig anonymisiert oder für möglichst kurze Zeit aufbewahrt werden.
- **Cookies**: Entsprechend dem Konzept der Datenminimierung sollten, soweit möglich, nur wenige, technisch nicht notwendige Cookies eingesetzt werden (vgl. hinten § 3).
- **Datenschutzerklärung**: Nutzer einer Webseite sollen die Datenschutzerklärung nicht minutenlang suchen müssen. Diese muss auf der Webseite leicht zugänglich sein.

§ 2 Grundsätze der Datenverarbeitung für mein Unternehmen

Lösung (gilt auch für die Variante):

Die Consulting AG muss sicherstellen, dass die Kundendaten vor unbefugtem Zugriff geschützt sind. Sie muss dabei sicherstellen, dass die Massnahmen dem Stand der Technik entsprechen. Dazu gehört unter anderem auch ein internes Rollen- und Berechtigungskonzept, in welchem festgelegt wird, welche Mitarbeitende auf welche Daten zugreifen können, um Daten vor Missbrauch zu schützen (zu weiteren Organisationsmassnahmen vgl. § 8).

117

6. Kontrolle

Die Kontrolle der Umsetzung des Datenschutzes erfolgt auf **mehreren Stufen und durch mehrere Beteiligte**. Der **Verantwortliche** ist verpflichtet, die Einhaltung der datenschutzrechtlichen Vorgaben zu kontrollieren und hat die notwendigen Vorkehrungen zu treffen, um eine solche Kontrolle zu gewährleisten (vgl. hinten § 8). Weiter hat auch der **Datenschutzbeauftragte** (in der Schweiz spricht man vom **Datenschutzberater**) des entsprechenden Unternehmens eine **Kontrollfunktion** (vgl. hinten § 8). Auf **staatlicher Ebene** sind die **Aufsichtsbehörde** und die **Gerichte** für die Kontrolle zuständig.

118

Schliesslich können auch die **Betroffenen** die korrekte Bearbeitung ihrer Daten überprüfen. Die Transparenz- und Berichtigungsrechte ermöglichen dem Betroffenen die Kontrolle.

119

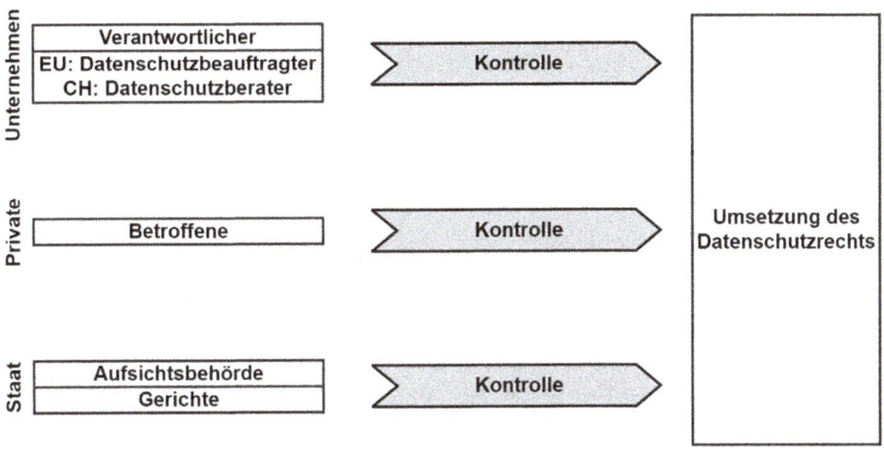

Abb. 2 – Kontrollfunktionen

23

7. Sanktionen

120 Die korrekte Umsetzung des Datenschutzes wird durch die Möglichkeit der Verhängung hoher Bussgelder abgesichert (vgl. hinten § 9).

121 Konkret können **nach DSGVO** Bussen bis zu **20 Millionen Euro oder 4% des weltweit erzielten Jahresumsatzes des vorangehenden Geschäftsjahres** verhängt werden. Zudem kann auch eine strafrechtliche Verfolgung drohen.

122 **In der Schweiz** werden mit dem revDSG nun ebenfalls **Bussen eingeführt**. Wer vorsätzlich gegen die einschlägigen Bestimmungen verstösst, wird mit einer Busse bis zu **CHF 250'000.00** bestraft. Die Bussen richten sich an natürliche Personen. Betroffen ist diejenige Person im Unternehmen, welche den Entscheid fällt, der eine Datenschutzverletzung zur Folge hat. Das Unternehmen wird nur ausnahmsweise gebüsst, nämlich dann, wenn die Ermittlung der verantwortlichen natürlichen Person mit unverhältnismässigem Aufwand verbunden wäre (Art. 64 revDSG).

8. Öffnung

123 Die DSGVO lässt an verschiedenen Stellen Raum für ergänzende oder präzisierende Regelungen der Mitgliedstaaten. Diese haben sich allerdings auf die Schutzziele und Prinzipien der Verordnung auszurichten. Für die Schweiz hat dieses Prinzip keine direkten Auswirkungen, da die Schweiz nicht Mitgliedstaat der EU ist. Für Unternehmen, die in Mitgliedstaaten der EU tätig sind, müssen die spezifischen Regelungen dieses Staates selbstverständlich beachtet werden.

II. Welche konkreten Grundsätze müssen bei der Datenverarbeitung beachtet werden?

Beispiel:

124 Die Elektronic AG verkauft elektronische Geräte über einen Online-Shop in der Schweiz. Das Angebot richtet sich auch an Kunden im Fürstentum Liechtenstein, womit die DSGVO Anwendung findet. Um eine Bestellung zu tätigen, müssen die Kunden ein Login erstellen, bei dem sie den Namen, die Adresse und E-Mail-Adresse angeben. Die Daten sollen zusätzlich für Werbemassnahmen verwendet werden. Beim Abschluss einer Bestellung werden die Zahlungsinformationen erhoben. Die Kunden können sich über die Webseite für einen Newsletter anmelden.

§ 2 Grundsätze der Datenverarbeitung für mein Unternehmen

Variante:

| Unter den Kunden befinden sich nur Personen mit Wohnsitz in der Schweiz. Das Unternehmen hat die notwendigen technischen Massnahmen getroffen, damit nur Kunden aus der Schweiz Zugriff auf die Webseite haben. | 125 |

Lösung:

| Die Lösungen folgen nach und nach im Verlauf dieses Abschnitts. | 126 |

1. Grundsätze nach DSGVO und revDSG

Die DSGVO stellt in Art. 5 und das revDSG stellt in Art. 6 verschiedene Grundsätze auf, die bei jeder Verarbeitung von Personendaten beachtet werden müssen. Die Grundsätze unterscheiden sich – bis auf die Rechenschaftspflicht – nicht. Folgende Grundsätze gilt es zu beachten: 127

Abb. 3 – Datenschutzkonforme Verarbeitung personenbezogener Daten

2. Rechtmässigkeit, Verarbeitung nach Treu und Glauben und Transparenz

128 Die Verarbeitung von personenbezogenen Daten hat in **rechtmässiger Weise** nach dem **Grundsatz von Treu und Glauben** und in einer für die betroffene Person **nachvollziehbarer Weise** zu erfolgen.

129 Konkret bedeutet dies, dass **unter der DSGVO eine Rechtsgrundlage** für die Datenverarbeitung vorliegen muss (vgl. hinten § 3). Die Verarbeitung hat zudem in einer **fairen und transparenten Weise** zu erfolgen. Das heisst, dass die betroffene Person unaufgefordert über die **Identität und die Zwecke der Datenverarbeitung** informiert wird. Zudem müssen weitere Informationen, die eine faire und transparente Verarbeitung sicherstellen, zur Verfügung gestellt werden (vgl. hinten § 6).

130 Die Bedeutung des Grundsatzes der Rechtmässigkeit ist in der Schweiz für Bundesorgane und private Personen unterschiedlich. Öffentliche Organe benötigen eine gesetzliche Grundlage, um Personendaten zu bearbeiten. Private hingegen können sich auf die Tatsache, dass die Bearbeitungsgrundsätze eingehalten werden, berufen. Werden die Bearbeitungsgrundsätze nicht eingehalten, muss ein **Rechtfertigungsgrund** für die Bearbeitung vorliegen. Dies kann bspw. eine Einwilligung sein (vgl. hinten § 3).

3. Zweckbindung

131 Nach dem Prinzip der Zweckbindung dürfen Personendaten nur zu dem Zweck bearbeitet werden, der bei der Beschaffung angegeben wurde, aus den Umständen ersichtlich oder gesetzlich vorgesehen ist.

132 Einmal erhobene Daten dürfen grundsätzlich später nicht zu einem anderen Zweck weiterverarbeitet werden. Es können mehrere Zwecke gleichzeitig angegeben werden. Die Datenerhebung kann somit bspw. zum Zweck der Vertragserfüllung und zusätzlich zu Marketingzwecken erfolgen. **Nicht zulässig ist aber das Erheben von Daten auf Vorrat**, ohne vorherige Festlegung des Zweckes.

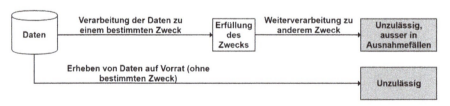

Abb. 4 – Zweckbindung der Datenverarbeitung

Die zulässigen Zwecke ergeben sich in der DSGVO primär aus Art. 6 (Erlaubnistatbestände, vgl. hinten § 3). Dazu gehören bspw. die Einwilligung, die Vertragserfüllung, die berechtigten Interessen des Verantwortlichen oder unter Umständen öffentliche Interessen. Diese Zwecke sind aber nicht abschliessend. Denkbar sind weitere Zwecke, sofern diese festgelegt, eindeutig und legitim sind.

Festgelegter Zweck: Grundsätzlich muss der Zweck nicht in schriftlicher Form festgehalten werden. Es empfiehlt sich aber vor jeder Datenverarbeitung den Verarbeitungszweck zu dokumentieren (schriftlich oder elektronisch) und aufzubewahren.

Eindeutiger Zweck: Damit die betroffene Person die Zwecke der Datenverarbeitung nachvollziehen kann, müssen diese eindeutig bestimmt sein. Der Betroffene muss beurteilen können, welche Verarbeitungsarten konkret angewandt werden und ob die Datenverarbeitung datenschutzrechtlich zulässig ist. Heikel sind insbesondere vage Oberbegriffe oder zu generelle Zweckbeschreibungen wie «Verbesserung des Nutzererlebnisses», «Marketingzwecke», «IT-Sicherheit» etc. In der Praxis werden diese aber relativ häufig verwendet.

Legitimer Zweck: Dies bedeutet, dass die Zweckverfolgung selber rechtmässig sein muss. Das heisst, sie darf nicht gegen geltende Rechtsnormen verstossen.

Lösung:

> Im Falle der Elektronic AG sind die Zwecke der Datenverarbeitung festgelegt. Die Daten der Kunden werden mit Erstellen des Logins für Bestellvorgänge gespeichert. Für die Kunden werden dadurch erneute Bestellungen vereinfacht, in dem diese die Daten nicht erneut eingeben müssen. Dabei handelt es sich um eindeutige und legitime Zwecke, die so festgehalten werden müssen und in der Datenschutzerklärung aufzuführen sind (vgl. hinten § 6). Weiter will die Elektronic AG die Daten zu «Marketingzwecken» verwenden. Dieser Zweck ist heikler, da er nicht eindeutig bestimmt ist. Hier muss klar bestimmt werden, welche Marketingzwecke verfolgt werden (bspw. die monatliche Information der Kunden über neue Angebote).

4. Datenminimierung

Nach diesem Grundsatz muss jegliche Datenverarbeitung dem Zweck **angemessen** sowie auf das für die Zwecke der Verarbeitung **notwendige Mass beschränkt** sein (Art. 5 Abs. 1 lit. c DSGVO). Personenbezogene Daten dürfen danach nur verarbeitet werden, wenn der Zweck der Verarbeitung in zumutbarer Weise nicht anders erreicht werden kann.

139　Dem Grundsatz der **Datenminimierung** kommt im Datenschutzgesetz der Schweiz der Grundsatz der Verhältnismässigkeit gleich. Nach dem Grundsatz der Verhältnismässigkeit dürfen nur Daten bearbeitet werden, die für den Zweck der Bearbeitung geeignet und nötig sind. Es muss ein **angemessenes Verhältnis** zwischen dem Zweck und dem verwendeten Mittel bestehen. Dabei sind die Rechte der betroffenen Personen, soweit möglich, zu wahren. Die Grundsätze der Datenvermeidung und der Datensparsamkeit sind beide Ausdruck davon. Einerseits ist die Variante zu bevorzugen, bei der der Zweck der Bearbeitung erreicht werden kann, ohne dass neue Daten beschafft werden. Andererseits sollen nur Daten bearbeitet werden, die für den verfolgten Zweck absolut notwendig sind.

Lösung (gilt auch für die Variante):

140　Für die Elektronic AG bedeutet dies, dass die Kundendaten nur soweit verarbeitet werden dürfen, wie dies zur Durchführung der Bestellung, des Unterhalts des Kundenlogins und zu den genau definierten Marketingzwecken notwendig ist. Es würde bspw. zu weit gehen, wenn die Elektronic AG auch den Beruf der Kunden abfragt und speichert. Diese Angabe ist für die Bestellabwicklung und für das Marketing in der Regel nicht notwendig.

5. Richtigkeit

141　Die Personendaten müssen **sachlich richtig** und auf dem **neusten Stand** sein (Art. 5 Abs. 1 lit. d DSGVO und Art. 6 Abs. 5 revDSG). Der Verantwortliche muss sicherstellen, dass Personendaten, die verarbeitet werden, richtig sind. Ansonsten müssen die Daten unverzüglich gelöscht oder berichtigt werden (zur korrekten Löschung und zum Berichtigungsrecht, vgl. hinten § 7).

Lösung (gilt auch für die Variante):

142　Erfährt die Elektronic AG, dass gewisse Kundendaten falsch sind, muss sie diese löschen oder berichtigen.

6. Speicherbegrenzung

143　Die Speicherbegrenzung sieht vor, dass Personendaten in einer Form gespeichert werden, die die Identifizierung der betroffenen Personen nur so lange ermöglicht, wie es für den Verarbeitungszweck **erforderlich** ist (Art. 5 Abs. 1 lit. e DSGVO).

144　Ist der Zweck der Datenverarbeitung erreicht, müssen die dazu erhobenen Daten gelöscht oder anonymisiert werden, es sei denn, es sprechen gesetzliche Aufbewahrungspflichten dagegen. Die Dauer der Datenspeicherung bei einer gesetzlichen Aufbewahrungspflicht beträgt in der Regel zehn Jahre (vgl. hinten § 3). Die Anonymisierung ermöglicht im Gegensatz zur Pseudonymisierung keine nachträgliche Identifizierung einzelner Personen. Die Daten können durch das Hinzuziehen weiterer Informationen keiner bestimmten Person zugeordnet werden.

Verantwortliche müssen sich mit Speicherfristen und Lösch- bzw. Anonymisierungsroutinen auseinandersetzen. Es muss festgestellt werden können, ob eine Speicherung der Daten weiterhin zulässig oder eine Löschung bzw. Anonymisierung erforderlich ist. Hierbei kann ein sog. «Lösch- (und / oder Anonymisierungs-)konzept» mit folgendem Inhalt sinnvoll sein:

- Wer: Verantwortlichkeiten festlegen.
- Was: Richtige Einordnung der Daten (Datenkategorien), inkl. deren Speicherfristen.
- Wann und wie: Prozess für Löschungs- bzw. Anonymisierungsroutine definieren.
  - Lösch- bzw. Anonymisierungsregeln (Kontrollzeitspannen und Fristenberechnungen, Prozess bspw. bei Ausübung von Betroffenenrechten).
  - Technische Massnahmen der Speicherung und Löschung bzw. Anonymisierung, wie bspw. Datenmanagementsystem.
  - Protokollierung zu Nachweis- und Kontrollzwecken.

Lösung:

Für die Elektronic AG bestehen bestimmte gesetzliche Aufbewahrungspflichten. Die Daten im Zusammenhang mit einer Bestellung gehören zu der geschäftlichen Kommunikation und müssen nach Vorschriften des Rechnungslegungs- und Steuerrechts bis zu zehn Jahren aufbewahrt werden. Diejenigen Personendaten, die zur geschäftlichen Kommunikation gehören, müssen und dürfen somit nach der Erreichung des Zweckes noch nicht gelöscht werden, sondern sind bis zu zehn Jahren zu speichern.

7. Integrität und Vertraulichkeit

Nach diesem Grundsatz sind Personendaten so zu verarbeiten, dass ihre Sicherheit und Vertraulichkeit gewährleistet ist (Art. 5 Abs. 1 lit. f DSGVO und Art. 8 Abs. 1 revDSG). Dazu gehört insbesondere, dass Unbefugte keinen Zugang zu den Daten haben und weder die Daten, noch die Geräte benutzen können, mit denen diese verarbeitet werden.

Die Vertraulichkeit der Personendaten setzt ein Konzept voraus, mit dem der Zugriff auf die Daten geregelt wird (vgl. hinten § 8).

149 Eine Verletzung der Datensicherheit liegt im Wesentlichen dann vor, wenn im Rahmen einer Datenbearbeitung Personendaten verloren gehen, gelöscht, verändert oder Unbefugten offengelegt oder zugänglich gemacht werden.

8. Rechenschaftspflicht

150 Der Verantwortliche ist für die Einhaltung der vorgenannten Grundsätze **verantwortlich** und muss deren Einhaltung **nachweisen** können (Art. 5 Abs. 2 DSGVO).

151 Mit dieser Norm stellt die DSGVO klar, dass es sich bei den vorangehenden Grundsätzen um **durchsetzbare Rechtspflichten** handelt. Die Norm führt zudem dazu, dass eine umfassende Dokumentationspflicht über die Verarbeitung von personenbezogenen Daten notwendig ist. Für diese Dokumentation ist ein Konzept erforderlich, welches die Verarbeitungssituation berücksichtigt (vgl. hinten § 8).

152 **Die Schweiz kennt eine solche jederzeitige Rechenschaftspflicht nicht.** Allerdings wird der Verantwortliche (u.U. auch der Auftragsbearbeiter) künftig in **einigen Fällen nachweispflichtig** (bspw. Datenschutz-Folgenabschätzung, vgl. hinten § 8, II.).

§ 3. Zulässigkeit der Datenverarbeitung

I. Zulässigkeit der Datenverarbeitung unter dem revDSG?

Zwischen Datenverarbeitungen unter der DSGVO und dem schweizerischen Datenschutzgesetz gibt es einen wesentlichen Unterschied:

Datenverarbeitungen sind in der Schweiz grundsätzlich erlaubt (Erlaubnis mit Verbotsvorbehalt), im EU-Raum und den restlichen EFTA-Staaten grundsätzlich verboten, ausser es liegt ein Erlaubnistatbestand vor (vgl. vorne § 2).

In den nachfolgenden Ausführungen geht es um diejenigen Fälle, in denen die Bearbeitungsgrundsätze **nicht eingehalten** wurden.

Solche Fälle stellen nur dann eine Datenrechtsverletzung dar, wenn **kein Rechtfertigungsgrund** vorliegt. Liegt ein Rechtfertigungsgrund vor, so ist die Bearbeitung trotz Nichteinhalten der Bearbeitungsgrundsätze gerechtfertigt und damit zulässig.

Nach Art. 31 revDSG kommen vier **Rechtfertigungsgründe** in Frage:
– Einwilligung der Betroffenen;
– gesetzliche Erlaubnis;
– überwiegendes öffentliches Interesse; oder
– überwiegendes privates Interesse.

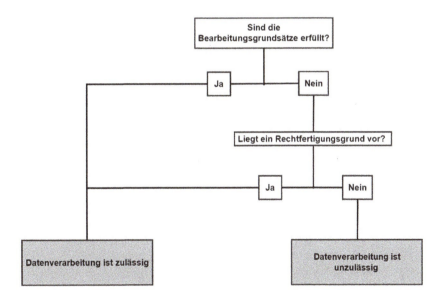

Abb. 1 – Zulässigkeit von Datenbearbeitungen nach revDSG

§ 3 Zulässigkeit der Datenverarbeitung

Beispiel:

157 Eine Marketingagentur führt eine Kundendatenbank und verstollständig diese mit Informationen, die sie aus dem Internet abgreift. Diese Informationen benötigt sie nicht für die Auftragsausführung. Sie betreibt damit eine Vorratsdatenspeicherung und verletzt das Prinzip der Datenminimierung. Dies ist eine Persönlichkeitsverletzung. Wie geht die Marketingagentur nun vor?

Lösung

158 Nach dem revDSG muss die Marketingagentur nun das Vorliegen eines sog. «Rechtfertigungsgrunds» nachweisen können. Gelingt ihr dies, ist die Persönlichkeitsverletzung zwar weiterhin bestehend, sie ist aber nicht widerrechtlich. Folglich wäre die Datenbearbeitung erlaubt.

Der Nachweis des Rechtfertigungsgrunds wird ihr allerdings nicht gelingen, so dient die Vorratsdatenspeicherung weder der Erfüllung einer gesetzlichen Pflicht noch einem überwiegenden Interesse der Marketingagentur (bspw. der Vertragserfüllung, Prüfung der Kreditwürdigkeit, Forschungszwecke).

159 Art. 31 revDSG nennt explizite Beispiele der «**überwiegenden Interessen**». Sie sind mit den sog. «**Erlaubnistatbeständen**» der DSGVO **weitgehend deckungsgleich**. Das bedeutet, dass die **Rechtfertigungsgründe** des revDSG und der DSGVO praktisch miteinander übereinstimmen. Folglich gelten die nachfolgenden Ausführungen zur DSGVO auch für die Rechtfertigungsgründe nach revDSG, ausser es ist ein ausdrücklicher Vorbehalt angebracht. Zudem sind stets der Erlaubnistatbestand, als auch der Rechtfertigungsgrund gemeint, wenn von einer «**Rechtsgrundlage**» die Rede ist.

II. In welchen Fällen dürfen personenbezogene Daten verarbeitet werden?

160 Die DSGVO geht vom Grundsatz aus, dass jede Verarbeitung personenbezogener Daten eine Erlaubnis braucht (**Verbotsprinzip**). Ohne eine solche Erlaubnis ist sie unzulässig und die erhobenen Daten müssen gelöscht werden. Zudem kann eine unerlaubte Datenverarbeitung zu Bussen führen oder strafrechtliche Sanktionen nach sich ziehen (vgl. hinten § 9).

161 Die Verordnung sieht eine Reihe von sog. **Erlaubnistatbeständen** vor. Dies sind Gründe, welche die Datenverarbeitung legitimieren. An erster Stelle steht dabei die **Einwilligung** der Betroffenen. Zusätzlich gibt es aber auch Gründe

für die Zulässigkeit einer Datenverarbeitung **unabhängig oder gegen den Willen** der Betroffenen. Die Erlaubnistatbestände nach der DSGVO sind:
- Einwilligung der Betroffenen
- Erfüllung eines Vertrages
- Durchführung vorvertraglicher Massnahmen (bspw. Vertragsverhandlungen)
- **Gesetzliche Verpflichtung** (bspw. Bekanntgabe von Mitarbeiterinformationen an Sozialversicherungsanstalten)
- **Schutz lebenswichtiger Interessen** (bspw. Bekanntgabe von Allergikerinformationen durch Arbeitgeberin im Rahmen des Mitarbeiterausflugs)
- **Öffentliche Interessen** (bspw. Schutz der öffentlichen Gesundheit im Rahmen von Pandemiemassnahmen)
- Ausübung hoheitlicher Gewalt
- **Berechtigte Interessen der Verantwortlichen und Interessenabwägung** (bspw. Direktmarketing, statistische Auswertungen, Forschungsprivileg etc.).

Für die Verantwortliche bedeutet dies konkret, dass sie bei jeder Datenverarbeitung prüfen muss, ob diese durch einen Erlaubnistatbestand abgedeckt ist.

Beim revDSG hingegen muss die Verantwortliche nur bei denjenigen Datenbearbeitungen nach einem Rechtfertigungsgrund suchen, welche die Bearbeitungsgrundsätze nicht erfüllen.

§ 3 Zulässigkeit der Datenverarbeitung

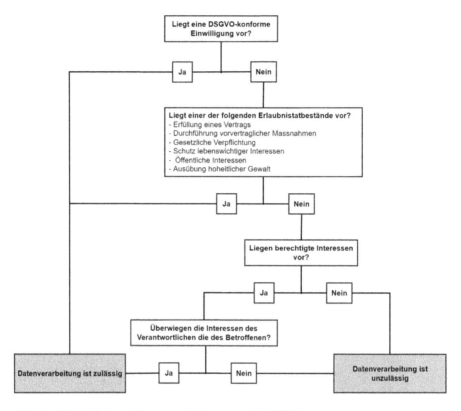

Abb. 2 – Zulässigkeit von Datenverarbeitungen nach DSGVO

164 Zur Illustration der einzelnen Erlaubnistatbestände soll folgendes Fallbeispiel dienen:

Beispiel:

165 Die Versand AG mit Sitz in der Schweiz führt einen Online-Shop mit einem breiten Angebot an Haushaltsprodukten. Das Angebot richtet sich auch an Kundinnen in der EU. Die Kundinnen haben die Möglichkeit über die Webseite ein Kundenlogin zu erstellen und sich für einen Newsletter anzumelden. Eine Bestellung kann auch als Gast getätigt werden. Die Versand AG verwendet für die Optimierung des Shops Google Analytics. Bei einzelnen Produkten sind im Online-Shop zudem YouTube Videos eingebettet und sämtliche Produkte können mit dem Facebook-Plugin «geliket» oder geteilt werden.

Lösung:

> Die Versand AG verarbeitet durch ihre Geschäftstätigkeit Personendaten, die durch einen Erlaubnistatbestand gerechtfertigt sein müssen. Für die Datenverarbeitung für das Kundenlogin und den Newsletter braucht es eine Einwilligung. Für die Abwicklung der Bestellung kommt der Erlaubnistatbestand der Durchführung eines Vertrages zur Anwendung. Für die Verwendung von Google Analytics und Google AdWords muss geprüft werden, ob sich die Versand AG auf ihre berechtigten Interessen berufen kann und ob diese die Interessen der Betroffenen überwiegen. Die Rechtfertigung der Verwendung von Social-Media-Plugins ist nach der DSGVO kaum möglich. Die Versand AG wird diesbezüglich spezifische Massnahmen einsetzen müssen. Für konkretere Lösungen vgl. bei den jeweiligen Erlaubnistatbeständen.

1. Wann ist die Datenverarbeitung durch eine Einwilligung gedeckt?

Für eine gültige Einwilligung zur Verarbeitung personenbezogener Daten, muss eine **Erklärung der betroffenen Person** erfolgen, die **unmissverständlich** zum Ausdruck bringt, dass sie mit der betreffenden Datenverarbeitung zum angegebenen Zweck einverstanden ist. Dazu müssen die folgenden Voraussetzungen erfüllt sein:

– **Die Einwilligung muss sich auf bestimmte Zwecke beziehen**: Damit wird klargestellt, dass eine bloss allgemeine Zustimmung zur Datenverarbeitung ohne konkrete Nennung der Zwecke der Datenverarbeitung nicht genügt. Vielmehr muss sich aus der Einwilligungserklärung klar ergeben, zu welchem Zweck der Datenverarbeitung zugestimmt wird.
– **Die Einwilligung muss freiwillig erfolgen**: Dies ist insbesondere dann problematisch, wenn zum Abschluss eines Vertrages eine Einwilligung zur Datenverarbeitung verlangt wird, die für die Erfüllung des Vertrages nicht erforderlich ist.

Prüfen Sie daher bei einer Datenverarbeitung im Zusammenhang mit einem Vertrag genau, welche Daten zur Ausführung des Vertrages benötigt werden und verzichten Sie auf die Erhebung von unnötigen Daten.

Exkurs:

Gemäss dem unter der DSGVO geltenden Kopplungsverbot ist es nicht zulässig, den Abschluss eines Vertrags davon abhängig zu machen, ob die Person eine Einwilligung zu einer Datenverarbeitung abgibt, welche für die Erfüllung des Vertrags nicht notwendig ist. Anders gesagt, darf mit dem Abschluss eines Vertrags nur eine Einwilligung verbunden werden, welche für die Erfüllung des Vertrags notwendig ist. Die betroffene Person muss die Möglichkeit haben, den Vertrag auch abzuschliessen ohne eine Einwilligung zur zusätzlichen Datenverarbeitung zu geben. Diese Regelung betrifft vor allem Online-Dienste, welche ihre Angebote im Gegenzug zur Bekanntgabe vom personenbezogenen Daten entrichten.

Wie weit geht das Kopplungsverbot der DSGVO?

170 Es haben sich seit Inkrafttreten der DSGVO zwei Ansätze herauskristallisiert, mit denen sich ein Verstoss gegen das Koppelungsverbot verhindern lässt:
- Daten = Vertragsleistung: Der betroffenen Person muss klar sein, dass die Preisgabe ihrer Daten die Vertragsgegenleistung darstellt. Dieser Mechanismus kann bspw. bei Online-Gewinnspielen angewandt werden.
- Wahlfreiheit: Die Betroffenen erleiden keinen Nachteil, wenn sie den Vertrag nicht eingehen (bspw. in dem sie nicht am Gewinnspiel teilnehmen).

171 Anders sähe es aus, wenn eine Person von einem Angebot nur Gebrauch machen kann, wenn sie ihre Daten zu weiteren Zwecken bereitstellen (bspw. beim Einkauf im Supermarkt muss zwingend am Punktesystem teilgenommen werden, bei dem jeder Einkauf im Profil der Kundin gespeichert wird).

172 In der **Schweiz** gibt es das Kopplungsverbot **nicht**, dennoch ist die **Freiwilligkeit der Einwilligung von grosser Bedeutung**. Besonders bei Machtgefällen, wie sie bspw. im Arbeitsverhältnis anzutreffen sind, sind Einwilligungen in zusätzliche Datenbearbeitungen (bspw. Umfragen, Profiling) heikel. Hier kommt es darauf an, ob die Datenbearbeitung zum **Vorteil der Mitarbeitenden** erfolgt. Bei nachteiligen Datenbearbeitungen (bspw. gewisse Überwachungsmassnahmen) kann die Einwilligung kaum gültig erfolgen.
- **Die Einwilligungserklärung muss im Hinblick auf eine genügende Information über die Verarbeitungszwecke erfolgen**: Der Betroffenen muss klar sein, zu welchem Zweck sie der Datenverarbeitung zustimmt. Allgemein gehaltene Erklärungen wie «die Betroffene ist mit jeder Art der Datenverarbeitung einverstanden» genügen nicht.
- **Die Art der Personendaten muss genau bestimmt sein**: Der Betroffenen muss klar sein, welche Art von Personendaten (bspw. Name, Adresse, E-Mail-Adresse, IP-Adresse etc.) aufgrund der Einwilligung bearbeitet werden können.
- Die Einwilligung hat **unmissverständlich** zu erfolgen. Unter dem revDSG muss die Einwilligung für die Bearbeitung von besonders schützenswerten Personendaten (bspw. Gesundheitsdaten) oder für die Erstellung eines Profilings mit hohem Risiko (vgl. hinten Glossar) **ausdrücklich** erfolgen. Ausdrücklich erfolgt die Einwilligung bspw. via **Ankreuzen eines Kästchens**, über die **Einstellung bestimmter technischer Parameter** oder via **Erklärung in Textform**.

§ 3 Zulässigkeit der Datenverarbeitung

Abb. 3 – Voraussetzungen für eine gültige Einwilligung

a) *Worauf muss bei vorformulierten Einwilligungserklärungen geachtet werden?*

Häufig wird die betroffene Person die Einwilligungserklärung nicht selber verfassen, sondern sie wird durch die Verantwortliche der Datenverarbeitung vorformuliert. In diesem Fall sind bei der Formulierung folgende Punkte zu beachten:
– Es sind **klare**, **einfache** und **eindeutige** Formulierungen zu verwenden.
– Die **Verantwortliche** für die Datenverarbeitung ist zu nennen.
– Die **Zwecke** der Datenverarbeitung sind einzeln, exakt und abschliessend aufzulisten.
– Es ist auf das **Widerrufsrecht** der Betroffenen hinzuweisen.

Nehmen Sie sich für die Formulierung von Einwilligungserklärungen die notwendige Zeit, damit die erwähnten Voraussetzungen erfüllt sind. Oft wird gerade bei Online-Einwilligungserklärungen bloss auf die Datenschutzerklärung verwiesen, ohne auf die notwendigen Punkte kurz einzugehen.

b) In welcher Form muss die Einwilligung erfolgen?

175 Es ist nicht zwingend erforderlich, dass die Einwilligung in **schriftlicher Form** erfolgt. Möglich ist auch eine **mündliche Abgabe** oder eine **eindeutig bestätigende Handlung**. Nicht ausreichend ist das stillschweigende Einverständnis oder die Untätigkeit der Betroffenen. Dies wäre bspw. der Fall, wenn bei einer Online-Einwilligungserklärung das Kästchen für die Einwilligung bereits standartmässig angekreuzt ist.

176 Da die Verantwortliche zum Nachweis der Einwilligung verpflichtet ist, empfiehlt sich eine Form der Einwilligung zu wählen, die diesen Nachweis möglich macht.

177 Beispiele für eine Einwilligungserklärung:
- **Online**: In der Praxis wird die Einwilligung zur Datenverarbeitung im sog. **Double-Opt-In-Verfahren** eingeholt. Dieses besteht aus zwei Schritten: Im ersten Schritt gibt die betroffene Person ihre Einwilligung mittels einer Online-Maske, in der sie auch ihre E-Mail-Adresse eingeben muss. In einem zweiten Schritt erhält die betroffene Person dann eine Bestätigungs-E-Mail mit einem personalisierten Hyperlink. Folgt die betroffene Person diesem Link, ist die personalisierte Einwilligung abgeschlossen. Mit diesem Verfahren kann die Verantwortliche nachweisen, dass eine Einwilligung eingeholt wurde und sie kann insbesondere belegen, dass die Einwilligung von derjenigen Person stammt, welche die E-Mail-Adresse eingegeben hat. Ohne den zweiten Schritt wäre es möglich, dass sich eine Person mit falscher E-Mail-Adresse anmeldet. Das Double-Opt-In-Verfahren wird bspw. häufig bei Newslettern verwendet (für ein Beispiel zur Formulierung des Einwilligungstextes für Newsletter, vgl. hinten VII., 2.).
- **AGB**: Erfolgt die Einwilligung mit einer Zustimmung, die noch andere Sachverhalte betrifft (bspw. in AGB) so muss die datenschutzrechtliche Einwilligung **hervorgehoben** werden. Der Einwilligenden muss also klar sein, dass sie nicht nur in die AGB einwilligt, sondern auch in eine Datenverarbeitung.

c) Bleiben bisherige Einwilligungen unter dem alten Datenschutzgesetz gültig?

178 Ja. Das revDSG ändert die Gültigkeitsvoraussetzungen für die Einwilligung nicht. Sofern die alte Einwilligung die hier aufgezeigten Anforderungen erfüllt, behält sie ihre Gültigkeit. Ansonsten muss sie nachgeholt werden.

d)   Kann die Einwilligung durch die Betroffene widerrufen werden?

Die betroffene Person kann ihre Einwilligung zur Datenverarbeitung jederzeit widerrufen. Der Widerruf entfaltet nur Wirkung für die Zukunft. Bereits erfolgte Verarbeitungen behalten ihre Gültigkeit.

Die Widerrufsmöglichkeit kann für die Verantwortliche eine Herausforderung darstellen, da sie jederzeit mit dem Widerruf rechnen muss und dadurch die Planbarkeit der Datenverarbeitung erschwert wird.

Stellen Sie die notwendigen technischen und organisatorischen Massnahmen (vgl. hinten Glossar) sicher, damit das Widerrufsrecht von Einwilligungen gehandhabt werden kann. Bei Newslettern bspw. geschieht dies standartmässig durch die technische Lösung des Abmeldelinks.

Beispiel:

Die Erhebung der Daten durch die Versand AG zur Anlegung von Kundenkontos bedarf der Einwilligung der Betroffenen, da die Daten in diesem Fall nicht nur zur einmaligen Bestellung verwendet werden, sondern darüber hinaus gespeichert und allenfalls verarbeitet werden.
Die Einwilligung wird zwar durch die Anlegung des Kontos mit einer eindeutigen bestätigenden Handlung vorgenommen, allerdings ist den Betroffenen in den meisten Fällen nicht klar, wozu ihre Daten tatsächlich verwendet werden. Die Versand AG muss somit bei der Anmeldung zum Kundekonto einen entsprechenden Einwilligungsmechanismus einbauen, bspw. über ein Kästchen: «Kundenkonto erstellen und Bestellung abschliessen». Gleichzeitig wird auf die Datenschutzerklärung hingewiesen.

Besonderheit DSGVO:

Die Einwilligung zur Verwendung der Daten der Kundinnen für weitere Zwecke als die Bestellung (bspw. für Werbung) darf nicht davon abhängig gemacht werden, ob die Kundinnen eine Bestellung vornehmen können (Kopplungsverbot). Dies ist in den Fällen problematisch, in denen eine Bestellung nur mit einem Kundenkonto möglich ist und die Daten des Kundenkontos für weitere Zwecke benutzt werden. Den Kundinnen muss in diesem Fall die Möglichkeit gegeben werden, die Bestellung vorzunehmen, aber die Einwilligung zur Datenverarbeitung zu weiteren Zwecken zu verhindern. Die Versand AG macht dies, indem Sie den Kundinnen die Möglichkeit gibt, als Gast eine Bestellung vorzunehmen.

2. Wann ist die Datenverarbeitung zur Erfüllung eines Vertrages oder Durchführung vorvertraglicher Massnahmen erlaubt?

184 Erlaubt sind Datenverarbeitungen, welche zur **Erfüllung eines Vertrages** oder zur Durchführung **vorvertraglicher Massnahmen** erforderlich sind.

a)   Erfüllung eines Vertrags

185 Regelmässig sind zur Erfüllung von Verträgen Datenverarbeitungen nötig. Diese sind erlaubt, solange sie zur Erfüllung **erforderlich** sind. Die Erforderlichkeit ist gegeben, wenn ein Vertrag ohne die Durchführung der Datenverarbeitung nicht erfüllt werden kann. Es genügt, wenn der Zweck der Verarbeitung – also die Erfüllung des Vertrags – nicht in zumutbarer Weise durch andere Mittel erreicht werden kann.

Beispiel:

186 Die Versand AG darf die erhobenen Kundendaten wie Name, Adresse und Zahlungsinformationen zur Durchführung einer Bestellung der Kundin verarbeiten. Zu diesem Zweck dürfen die entsprechenden Daten auch an Auftragsverarbeiterinnen, wie bspw. ein Speditionsunternehmen, weitergegeben werden (zur Auftragsverarbeitung, vgl. hinten § 4).

187 In diesem Beispiel ist die Datenverarbeitung zulässig, da sie zur Vertragsabwicklung erforderlich ist. Ein Versand der Ware ohne das Speditionsunternehmen wäre kaum möglich bzw. zumutbar.

Beispiel:

188 Im Beispiel der Versand AG ist die Erhebung des Namens, Adresse und Zahlungsdetails erforderlich, um die Bestellung durchführen zu können. Allerdings ist dazu nicht notwendig, dass die Kundin ein Kundenprofil anlegt und die Daten dort gespeichert werden. Hierzu braucht es eine andere Rechtsgrundlage (dazu hinten bei den berechtigten Interessen des Verantwortlichen, vgl. hinten II., 6.). Soll die Verarbeitung der Daten einzig mit der Rechtsgrundlage der Vertragsdurchführung gerechtfertigt werden, muss der Kundin die Möglichkeit gegeben werden, die Bestellung als Gast abzuschliessen. Dies bedeutet allerdings noch nicht, dass die Daten nach der Bestellung direkt gelöscht werden müssen, da allenfalls Aufbewahrungspflichten bestehen. Ist die Aufbewahrungspflicht durch einen Erlaubnistatbestand (bspw. gesetzliche Vorschrift) abgedeckt, so können die Daten zumindest vorübergehend datenschutzkonform gespeichert werden (dazu hinten bei rechtlichen Verpflichtungen, vgl. hinten II., 3.).

189 In der Praxis kann es im Einzelfall unklar sein, ob die Erforderlichkeit der Datenverarbeitung zur Durchführung eines Vertrages tatsächlich gegeben ist.

Beispiel:

Erhebt die Versand AG bei einer Bestellung zusätzlich das Geburtsdatum der Kundin, stellt sich die Frage der Erforderlichkeit. Es könnte zwar damit argumentiert werden, dass die Angabe über das Alter benötigt wird, um die Geschäftsfähigkeit der Kundin zu beurteilen. Allgemein wird aber davon ausgegangen, dass eine solche Angabe für die Vertragsdurchführung nicht erforderlich ist.	190

In denjenigen Fällen in denen nicht klar ist, ob Erforderlichkeit gegeben ist, sollten Sie sich auf eine alternative Rechtsgrundlage stützen (bspw. Einwilligung), um sicherzugehen, dass die Datenverarbeitung rechtmässig ist. 191

b)   Vorvertragliche Massnahmen

Vorvertragliche Massnahmen sind Handlungen, welche im Hinblick auf einen Vertragsschluss **erforderlich** sind, damit der Vertrag zustande kommen kann. 192

Beispiel:

Frau Fuchs möchte bei der Bank AG einen Kredit aufnehmen. Die Bank AG führt vor Abschluss des Vertrags eine Bonitätsprüfung bei Frau Fuchs durch, um festzustellen ob sie zahlungsfähig ist.	193

3. Wann ist die Datenverarbeitung zur Erfüllung rechtlicher Verpflichtungen erlaubt?

Eine Datenverarbeitung ist erlaubt, wenn dies zur Erfüllung rechtlicher Verpflichtungen erforderlich ist. Eine solche rechtliche Verpflichtung wird bspw. durch die DSGVO bzw. das revDSG selber statuiert, indem die Verantwortliche verpflichtet und berechtigt ist die Daten Betroffener regelmässig zu **aktualisieren** und deren **Richtigkeit zu gewährleisten**. Rechtliche Verpflichtungen bestehen in gewissen Fällen auch zur **Aufbewahrung von Kundendaten**. So müssen aufgrund von Vorschriften über das Melderecht, über die Rechnungslegung und des Steuerrechts geschäftliche Kommunikation, geschlossene Verträge, Buchungsbelege und weitere wichtige Urkunden bis zu zehn Jahre aufbewahrt werden. 194

Klären Sie stets ab, für welche Urkunden Aufbewahrungspflichten bestehen und wie lange diese gelten. 195

§ 3 Zulässigkeit der Datenverarbeitung

Beispiel:

196 | Entdeckt die Versand AG, dass Kundendaten nicht korrekt sind, darf sie diese berichtigen. Diese Verarbeitung ist zulässig. Sie muss zudem sämtliche relevanten Daten im Zusammenhang mit einer Bestellung bis zu zehn Jahre aufbewahren. Diese Aufbewahrungspflicht geht dem Löschungsrecht der Betroffenen vor.

197 Eine rechtliche Verpflichtung zur Verarbeitung von Daten der Betroffenen kann sich auch aus einem **Recht der Betroffenen** ergeben. Möchte sie bspw. keine Werbung erhalten und widerspricht damit der Datenverarbeitung zu diesem Zweck, so muss die Verantwortliche die erforderlichen Daten der Betroffenen speichern, um dieses Recht umzusetzen. Nur so kann sichergestellt werden, dass die Betroffene nicht erneut Werbung erhält.

4. Wann ist die Datenverarbeitung zum Schutze von lebenswichtigen Interessen der betroffenen Person oder einer anderen Person erlaubt?

198 Diese Erlaubnisnorm hat Ausnahmecharakter und kommt primär zur Anwendung, wenn die betroffene Person selber aufgrund von Krankheit oder fehlender Urteilsfähigkeit, keine Einwilligung in die Datenverarbeitung geben kann.

5. Wann ist die Datenverarbeitung aufgrund eines öffentlichen Interesses oder zur Ausübung öffentlicher Gewalt erlaubt?

199 Diese Erlaubnisnorm richtet sich an Behörden, öffentliche Unternehmen und Private, denen öffentliche Aufgaben übertragen wurden. Das öffentliche Interesse muss stets auf einer gesetzlichen Grundlage beruhen.

6. Wann kann sich die Verantwortliche für die Datenverarbeitung auf ihre berechtigten Interessen berufen, die eine Datenverarbeitung erlauben?

200 Eine Datenverarbeitung ist erlaubt, wenn **berechtigte Interessen der Verantwortlichen** vorliegen und eine **Interessenabwägung** ergibt, dass diese die entgegenstehenden Interessen oder Grundrechte der Betroffenen überwiegen. Die Regelung von Art. 6 Abs. 1 lit. f DSGVO und ihr Pendant in Art. 31

revDSG sind sehr unbestimmt formuliert und bedürfen der Auslegung. Dies macht die Abschätzung der Zulässigkeit der bestimmten Datenverarbeitung in der Praxis unter Umständen schwierig.

Dem Erlaubnistatbestand der berechtigten Interessen kommt in der Praxis dort grosse Bedeutung zu, wo kein anderer Erlaubnistatbestand erfüllt ist. Dies ist insbesondere bei fehlender Einwilligung oder bei der Datenverarbeitung, die nicht zur Durchführung eines Vertrages notwendig ist, der Fall. Die berechtigten Interessen können aber nach allgemeiner Ansicht nicht zur Rechtfertigung sämtlicher Datenverarbeitungen, für die eine andere Rechtsgrundlage fehlt, herangezogen werden 201

Holen Sie wo möglich für die Datenverarbeitung eine Einwilligung ein. Damit verhindern Sie unklare Situation, die sich mit der Berufung auf die berechtigten Interessen ergeben können. 202

a) Die berechtigten Interessen

Das berechtigte Interesse kann sowohl **ideeller** wie auch **wirtschaftlicher Natur** sein. Es muss aber immer rechtlich zulässig sein. Das Interesse muss zudem **genügend bestimmt** sein und auch **tatsächlich wahrgenommen** werden, also relevant sein. Es darf nicht bloss theoretischer oder spekulativer Art sein. Folgende Kriterien muss das rechtmässige Interesse somit erfüllen: 203
– Rechtmässigkeit;
– Bestimmtheit, und;
– Relevanz.

Die DSGVO anerkennt den Zweck der **Direktwerbung** explizit als berechtigtes Interesse der Verantwortlichen. Der Begriff der Direktwerbung wird allerdings nicht näher erläutert. Darunter fällt insbesondere das Ansprechen von Personen mit werblichen Informationen bspw. durch Telefon, E-Mail, Brief, Werbeanzeige auf der Webseite oder App etc. Auch bei der Direktwerbung hat jedoch stets eine **Interessenabwägung** zu erfolgen. Diese wird insbesondere dann zugunsten der Verantwortlichen ausfallen, wenn die betroffene Person aufgrund ihres Verhältnisses zur Verantwortlichen mit der Nutzung ihrer personenbezogenen Daten zu Werbezwecken rechnen musste. Die Verwendung der Daten zu Werbezwecken muss der Betroffenen aufgrund der Informationspflicht mitgeteilt werden. Üblicherweise geschieht dies in der Datenschutzerklärung (vgl. hinten § 6). 204

Als berechtigte Interessen der Verantwortlichen gelten auch **Konzerninteressen**. Danach kann die konzerninterne Weitergabe von personenbezogenen Daten, wie bspw. Kunden- oder Mitarbeiterdaten, zu Verwaltungszwecken erlaubt sein. Das heisst aber nicht, dass die konzerninterne Weitergabe von personen- 205 bezogenen Daten per se zulässig ist. Es hat auch hier stets eine Interessenabwägung zwischen den Interessen der Verantwortlichen und der Betroffenen zu erfolgen.

Beispiel:

206 | Ein Konzern verfügt über verschiedene operative Gruppengesellschaften, die teilweise unter derselben oder unter eigenen Labels und Marken Verkaufslokale betreiben. Der Sicherheitsdienst der Gesellschaft A bemerkt, dass eine Mitarbeiterin der Gesellschaft B bei A regelmässig Ladendiebstahl begeht. Der Sicherheitsdienst fragt sich nun, ob er B über die Vorfälle in Kenntnis setzen darf, damit B die Mitarbeiterin entlassen kann.

Lösung:

207 | Es steht zweifelsfrei im Konzerninteresse, Diebstähle effektiv zu verhindern. Das kann bspw. über eine Strafanzeige erwirkt werden. Eine Meldung bei B würde das Problem allerdings nicht lösen, da die (entlassene) Mitarbeiterin nach wie vor Diebstähle bei A verüben könnte. Wirksam wäre daher nur ein Hausverbot, das durch A erklärt wird. Die Interessen der Mitarbeiterin am Behalten ihrer Stelle stehen einer Meldung bei ihrer Arbeitgeberin entgegen. In der Abwägung überwiegen diejenigen Interessen der Mitarbeiterin, da A andere, wirksamere Massnahmen ergreifen könnte.

208 Als **berechtigte Interessen** kommen weiter in Betracht:
- Adresshandel
- Bonitätsprüfung von Kundinnen
- Speicherung von Daten zu Beweiszwecken
- Speicherung von Käuferdaten zur Kontaktaufnahme im Falle einer Rückrufaktion (in Industrien, in denen eine Rückrufaktion in Frage kommt)
- Datenaustausch innerhalb eines Konzern für interne Verwaltungszwecke, inklusive der Verarbeitung von Kunden- und / oder Beschäftigtendaten
- Unerbetene Mitteilungen zu nichtgewerblichen Zwecken, wie dies bei politischen Kampagnen der Fall ist oder das Sammeln von Spenden für gemeinnützige Zwecke
- Persönliche Sicherheit der Verantwortlichen, IT- und Netzsicherheit
- Verarbeitung für historische, wissenschaftliche oder statistische Zwecke

209 *Halten Sie Ihre berechtigten Interessen für die konkreten Datenverarbeitungsvorgänge fest, sofern Sie sich auf diese Rechtsgrundlage berufen wollen. Prüfen Sie, ob diese Interessen die hier erwähnten Anforderungen erfüllen.*

b)   Interessenabwägung

Will sich die Verantwortliche auf ihre berechtigten Interessen abstützen, hat eine Interessenabwägung zu den **Interessen** oder **Grundrechten** und **Grundfreiheiten** der Betroffenen zu erfolgen. Dabei werden die Interessen, Grundrechte und / oder Grundfreiheiten der Betroffenen auf der einen Seite mit den Interessen der Verantwortlichen verglichen. Überwiegen die Interessen der Verantwortlichen, ist die Datenverarbeitung zulässig. Die Interessenabwägung muss sich dabei auf den **Einzelfall** beziehen. Je stärker die Datenverarbeitung in die Persönlichkeitsrechte der Betroffenen eingreift, umso eher wird die Interessenabwägung zugunsten der Betroffenen ausfallen.

Wie die Interessenabwägung in einem konkreten Fall ausfallen wird, ist ohne die entsprechende Gerichtspraxis schwierig zu beurteilen. Als Verantwortliche müssen Sie eine entsprechende Einschätzung der Risiken einer allfälligen Gesetzesverletzung vornehmen. Unter Umständen lohnt es sich hier eine Expertin beizuziehen.

Beispiel:

Die Versand AG will den Kundinnen auch regelmässig Werbung mittels E-Mail zukommen lassen. Hat sie dafür keine Einwilligung (bspw. durch entsprechende Erklärung beim Eröffnen des Kundenkontos) kann sie sich eventuell auf ihre berechtigten Interessen berufen. Es muss allerdings eine Interessenabwägung erfolgen. Sofern sich die Werbung auf Kundinnen beschränkt, die ein Kundenkonto eröffnet oder eine Bestellung getätigt haben und sie sich auf das Angebot des Online-Shops oder damit zusammenhängenden Angeboten bezieht, dürften die Interessen der Versand AG im Normalfall diejenigen der Betroffenen überwiegen. In diesem Fall können die betroffenen Kundinnen mit der Verarbeitung ihrer Personendaten zu Werbezwecken rechnen. Sie müssen darauf aber in der Datenschutzerklärung auf der Webseite hingewiesen werden (vgl. hinten § 6).

§ 3 Zulässigkeit der Datenverarbeitung

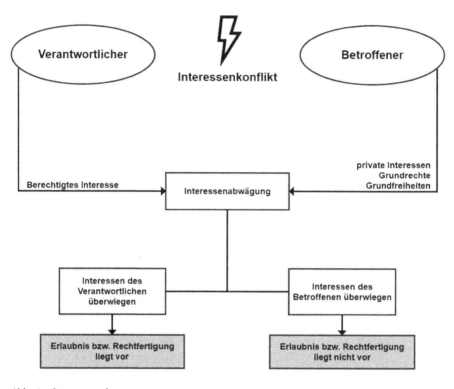

Abb. 4 – Interessenabwägung

III. Dürfen Daten auch zu einem anderen Zweck verarbeitet werden, als denjenigen, für den sie erhoben wurden?

213 Personendaten dürfen grundsätzlich nur zu dem Zweck verarbeitet werden, zu welchem sie erhoben wurden. Das Datenschutzrecht lässt aber in gewissen Fällen eine **zweckändernde Weiterverarbeitung** zu. Das heisst, Personendaten dürfen in diesen Fällen zu einem anderen Zweck, als zu dem sie erhoben wurden weiterverarbeitet werden. Es braucht dazu keine zusätzliche Rechtsgrundlage.

214 Dabei handelt es sich um eine Privilegierung der Verantwortlichen. Diese gilt aber nicht als Freipass, bereits erhobene Daten zu einem späteren Zeitpunkt für einen anderen Zweck zu verarbeiten. Es müssen dabei gewisse Voraussetzungen erfüllt werden.

Bei der Frage, ob eine Weiterverarbeitung zulässig ist, ist auf die folgenden Kriterien abzustellen:
- **Zusammenhang zum ursprünglichen Zweck**: Zwischen den Zwecken für welche die Daten ursprünglich erhoben wurden und dem Zweck zu dem sie weiterverarbeitet werden sollen, muss ein Zusammenhang bestehen. Das revDSG spricht hier von «Vereinbarkeit».
- **Vorhersehbarkeit der Weiterverarbeitung**: Je weniger die betroffene Person mit einer Weiterverarbeitung zu einem anderen Zweck rechnen musste, umso eher ist die Weiterverarbeitung untersagt.
- **Art der zu verarbeitenden Daten**: Je schützenswerter die betroffenen Daten sind, umso weniger ist eine Weiterverarbeitung zulässig.
- **Folgen der Weiterverarbeitung**: Je gravierender die Folgen für die betroffene Person sind, umso eher muss von einer Weiterverarbeitung abgesehen werden.
- **Etablierte Garantien**: Entscheidend kann auch sein, welche Garantien, wozu Verschlüsselung oder Pseudonymisierung gehören, im Rahmen der Weiterverarbeitung durch die Verantwortliche etabliert werden. Liegen keine solche Garantien vor, spricht dies eher für die Unzulässigkeit der Weiterverarbeitung.

Ob nach diesen Kriterien eine Weiterverarbeitung im Einzelfall zulässig ist, muss anhand des konkreten Falles beurteilt werden. Die Verantwortung dafür liegt bei der Verantwortlichen der Datenverarbeitung.

Prüfen Sie für sämtliche Verarbeitungsvorgänge von Anfang an, welche Verarbeitungszwecke notwendig sind und geben Sie diesen in der Datenschutzerklärung und wo notwendig in der Einwilligungserklärung an. So können Sie eine spätere unsichere Berufung auf den Zweckerweiterungstatbestand verhindern.

Beispiel:

> Die Versand AG gründet die Haustier AG, welche einen Online-Shop für Haustiernahrung führt. Die Versand AG beabsichtigt die Kundendaten ihres Online-Shops an die Haustier AG zu übergeben, damit diese die Daten für ihre eigenen Marketingzwecke verwenden darf. Eine solche Weitergabe der Kundendaten ist aufgrund der Weiterverarbeitungsnorm nicht erlaubt, da der Zusammenhang mit dem ursprünglichen Verarbeitungszweck nicht genügend ist. Zudem müssen die Kundinnen auch nicht mit einer solchen Weitergabe rechnen.

IV. Was ist bei der Bearbeitung von besonderen Kategorien personenbezogener Daten zu beachten?

219 Zu den besonderen Kategorien personenbezogener Daten bzw. den besonders schützenswerten Daten, wie sie das revDSG nennt, gehören Angaben aus denen **folgende Informationen** hervorgehen:
– die rassische und ethnische Herkunft;
– die politische Meinung;
– die religiöse oder weltanschauliche Überzeugung oder
– die Gewerkschaftszugehörigkeit.

220 Zudem fällt darunter die Verarbeitung **folgender Daten**:
– genetische Daten;
– biometrische Daten zur Identifizierung einer Person;
– Gesundheitsdaten oder
– Daten zum Sexualleben oder der sexuellen Orientierung;
– Unter dem revDSG zusätzlich auch:
   – Daten über verwaltungs- und strafrechtliche Verfolgungen oder Sanktionen;
   – Daten über Massnahmen der sozialen Hilfe.

221 In der **Schweiz** ist die Bearbeitung von besonders schützenswerten Personendaten grundsätzlich **erlaubt**, soweit die Bearbeitungsgrundsätze eingehalten werden.

222 Nach der **DSGVO** ist die Verarbeitung der genannten besonderen Kategorien von personenbezogenen Daten grundsätzlich **untersagt** (Art. 9 Abs. 1 DSGVO). Von diesem Grundsatz gibt es aber folgende Ausnahmen:
– **Einwilligung der betroffenen Person**: Für die Einwilligung gelten zunächst die allgemeinen Voraussetzungen der Einwilligung (vgl. vorne II., 1.). Zusätzlich muss sich die Einwilligung ausdrücklich auf die Verarbeitung der betroffenen besonderen Kategorien personenbezogener Daten beziehen.
– **Arbeits- und Sozialrecht**: Die Verarbeitung besonderer Kategorien von personenbezogenen Daten ist erlaubt, wenn die Verantwortliche oder die betroffene Person diese benötigt, damit sie Rechte aus dem Arbeitsrecht, der sozialen Sicherheit oder des Sozialschutzes wahrnehmen kann.
– **Zum Schutz lebenswichtiger Interessen**: Die Verarbeitung ist auch dann zulässig, wenn lebenswichtige Interessen betroffen sind und die betroffene Person aus körperlichen oder rechtlichen Gründen keine Einwilligung geben kann.
– **Vereinigung oder sonstige Organisation ohne Gewinnerzielungsabsicht**: Eine solche Vereinigung darf besondere Kategorien personenbezogener Daten verarbeiten, wenn sie geeignete Garantien abgibt, sich die Verarbeitung einzig auf Mitglieder oder ehemalige Mitglieder der Organisation oder auf

Personen die aufgrund ihres Tätigkeitszwecks regelmässig mit der Organisation Kontakt haben beschränkt. Die personenbezogenen Daten dürfen dabei nicht ohne Einwilligung der betroffenen Person nach aussen offengelegt werden.
- **Offensichtlich öffentlich gemachte Daten**: Die betroffene Person muss die Daten zweifelsfrei selber öffentlich gemacht haben. Besteht die gesetzliche Pflicht zur Eintragung in ein öffentliches Register, so gelten die Daten dennoch nicht als veröffentlicht. Sind die Daten nicht jedermann, sondern nur eingeschränkt zugänglich, so gelten sie ebenfalls nicht als öffentlich.
- **Geltendmachung von Rechtsansprüchen**: Sind die Daten für die Geltendmachung von Rechtsansprüchen erforderlich, können sie zu diesem Zweck verarbeitet werden. Es dürfen nur diejenigen Daten verarbeitet werden, welche zur Rechtsdurchsetzung zwingend nötig sind.
- **Schutz eines erheblichen öffentlichen Interesses**: Diese öffentlichen Interessen müssen aufgrund des Rechts der EU oder eines EU-Mitgliedstaates (bzw. eines EFTA-Staates) vorgesehen sein und es muss sichergestellt sein, dass der Wesensgehalt des Datenschutzes gewahrt wird.
- **Gesundheitsvorsorge oder Arbeitsmedizin**: Die Verarbeitung ist zulässig, wenn die Daten zur Beurteilung der Arbeitsfähigkeit der Beschäftigten, für die medizinische Diagnostik, die Versorgung oder Behandlung im Gesundheits- oder Sozialbereich oder für die Verwaltung von Systemen im Gesundheits- oder Sozialbereich verwendet werden.
- **Öffentliche Gesundheit**: Dies sofern durch das Recht der EU oder eines Mitgliedstaates vorgesehen.
- **Forschungszweck**: Muss ebenfalls durch das Recht der EU oder eines Mitgliedstaates vorgesehen sein.

Prüfen Sie vor der Verarbeitung Kategorien besonderer personenbezogener Daten genau, ob eine Rechtsgrundlage für die Verarbeitung in Frage kommt und falls ja, ob diese Rechtsgrundlage für den konkreten Fall auch tatsächlich einschlägig ist. Holen Sie Im Zweifelsfall immer eine ausdrückliche Einwilligung ein.

V. Was ist bei der Verarbeitung von Daten über Straftaten zu beachten?

Für die Verarbeitung von Daten über strafrechtliche Verurteilungen und Straftaten oder damit zusammenhängende Sicherungsmassregeln gelten noch strengere Voraussetzungen nach der Europäischen Datenschutz-Grundverordnung (vgl. Art. 10 DSGVO). Eine solche Verarbeitung ist nur zulässig unter behördlicher Aufsicht oder wenn angemessene gesetzliche Garantien aufgestellt werden.

Übersicht Datenverarbeitung

	1. Personenbezogene Daten	2. Besondere Kategorien	3. Daten über Straftaten (DSGVO)	4. Daten über Straftaten (revDSG)
Grundsatz	**Verbotsprinzip aber Erlaubnistatbestände nach Art. 6 Abs. 1 DSGVO**	**Grundsätzlich untersagt** aber Ausnahmen nach Art. 9 Abs. 1 DSGVO	**Nur unter behördlicher Aufsicht oder bei angemessenen gesetzlichen Garantien zulässig** nach Art. 10 DSGVO	Grundsätzlich erlaubt, sofern Bearbeitungsgrundsätze eingehalten werden. Ansonsten Rechtfertigungsgrund nötig (Art. 6 und 31 revDSG).
Voraussetzungen einer gültigen Einwilligung	Freiwilligkeit Auf einen bestimmten Zweck gerichtet Klarheit über Art der Daten Unmissverständlichkeit	Gleiche Voraussetzungen wie bei den personenbezogenen Daten Zusätzlich: Einwilligung muss sich ausdrücklich auf die besondere Kategorie beziehen	Gleiche Voraussetzungen wie bei den personenbezogenen Daten: Zusätzlich: behördliche Aufsicht oder angemessene gesetzliche Garantien	Vgl. Spalte 2
Verarbeitung ohne Einwilligung zulässig	Bei Vorliegen weiterer Erlaubnistatbestände: - Erfüllung des Vertrags - Durchführung vorvertraglicher Massnahmen - Gesetzliche Verpflichtung - Schutz lebenswichtiger Interessen - Öffentliche Interessen - Ausübung hoheitlicher Gewalt - Berechtigte Interessen des Verantwortlichen und Interessenabwägung - Zweckänderung	In bestimmten Bereichen: - Arbeits- und Sozialrecht - Schutz lebenswichtiger Interessen - Vereinigung oder Organisation ohne Gewinnerzielungsabsicht - Offensichtlich öffentlich gemachte Daten - Geltendmachung von Rechtsansprüchen - Schutz erheblicher öffentlicher Interessen - Gesundheitsvorsorge oder Arbeitsmedizin - Öffentliche Gesundheit - Forschungszweck	Keine Einwilligung erforderlich, wenn die Verarbeitung unter behördlicher Aufsicht oder unter angemessenen gesetzlichen Garantien erfolgt.	Vgl. Spalte 1 (bspw. ist die Einsicht in einen Strafregisterauszug zwecks Abklärung der beruflichen Eignung durch den Arbeitgeber zulässig, sofern die Arbeitsstelle einen einwandfreien Leumund bedarf, weil bspw. eine Personensicherheitsprüfung durch Kunden des Arbeitgebers vorgenommen wird).

VI. Ist die Datenverarbeitung zur automatisierten Entscheidfindung und zum Profiling zulässig?

Das Datenschutzrecht enthält spezifische Regelungen für die Verarbeitung personenbezogener Daten aufgrund von automatisierten Verfahren, wozu auch das Profiling gehört (vgl. Art. 22 DSGVO, Art. 21 revDSG).

a)   Wie verhält es sich unter dem revDSG?

In der **Schweiz** sind automatisierte Entscheidfindungen und Profiling grundsätzlich **erlaubt**. Beim Profiling gelten dieselben Grundsätze wie bei allen anderen Bearbeitungen auch. Bei der automatisierten Entscheidfindung hingegen gelten zusätzliche Vorgaben.

Die betroffene Person muss darüber **informiert** werden, wenn eine sie betreffende Entscheidung automatisiert erfolgt, sofern:
- die Entscheidung mit **einer Rechtsfolge** für sie verbunden ist; oder
- die betroffene Person **erheblich beeinträchtigt** wird; und

die betroffene Person hat Anrecht auf eine Stellungnahme und eine **menschliche Überprüfung** der Entscheidung, **ausser**:
- die automatisierte Einzelentscheidung steht in **unmittelbarem** Zusammenhang **mit dem Abschluss oder der Abwicklung eines Vertrags** und dem Begehren der betroffenen Person wird **stattgegeben**; oder
- die betroffene Person hat ausdrücklich **eingewilligt**, dass die Entscheidung automatisiert erfolgt.

Beispiel:

Frau Fuchs sieht auf der Webseite einer Telekomanbieterin ein Sonderangebot für ein Mobile-Abo und möchte davon profitieren. Der Vertragsschluss wird ihr jedoch verweigert mit der Begründung, dass die Bonitätsprüfung negativ ausgefallen sei. Die Voraussetzungen für den Vertragsschluss wurden durch einen Computeralgorithmus geprüft, an diesem Prozess war folglich kein Mensch beteiligt. Frau Fuchs weiss davon nichts. Wie ist die Rechtslage?

Lösung:

Die Entscheidung ist nicht mit einer Rechtsfolge verbunden, da Frau Fuchs eben gerade keinen Vertrag schliesst. Frau Fuchs ist auch nicht erheblich beeinträchtigt, so kann sie immer noch ein gewöhnliches Abo abschliessen oder eine andere Anbieterin wählen. Eine Information über die automatisierte Entscheidfindung ist damit nicht nötig.

§ 3 Zulässigkeit der Datenverarbeitung

> Dennoch hätte Frau Fuchs ein Recht auf menschliche Überprüfung, da ihrem Begehren nicht stattgegeben wurde. Ohne entsprechende Information kann Frau Fuchs das Begehren allerdings gar nicht stellen. Frau Fuchs müsste daher von sich aus nachfragen und eine entsprechende Prüfung verlangen.

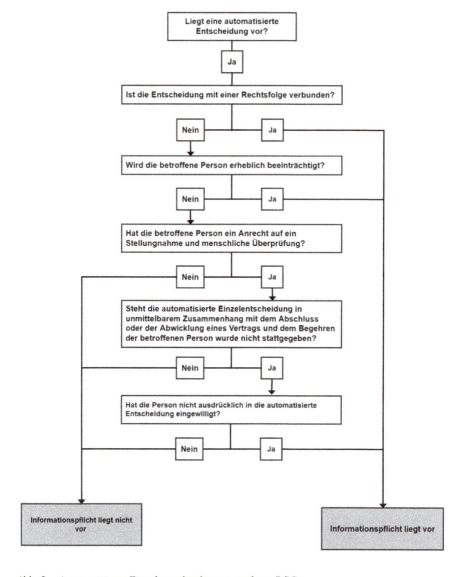

Abb. 5 – Automatisierte Einzelentscheidungen nach revDSG

b)   Wie verhält es sich unter der DSGVO?

Die Verarbeitung zur automatisierten Entscheidfindung, inkl. Profiling ist **unter der DSGVO** dann verboten, wenn dadurch gegenüber der betroffenen Person **rechtliche Pflichten entfaltet werden** oder sie in **ähnlicher Weise erheblich beeinträchtigt** wird. Diese Norm soll verhindern, dass Entscheidungen, die ohne menschlichen Einfluss getroffen wurden, einen erheblichen Einfluss auf das Leben der Betroffenen haben. 231

Die Regelung gelangt zur Anwendung, wenn die Verarbeitung vorgenommen wird, **ohne dass ein Mensch in die Entscheidung eingreift**. Dazu gehört bspw. eine automatische Ablehnung eines Online-Kreditantrages ohne menschliche Überprüfung. Dabei genügt es aber nicht, wenn ein Mensch bloss die finale automatische Entscheidung überprüft, ohne selber einen Einfluss auf die Entscheidung zu haben. Beim **Profiling** werden personenbezogene Daten dazu verwendet bestimmte persönliche Aspekte einer Person aufzuzeichnen, zu analysieren und zu bewerten. Dazu gehören Aspekte wie Arbeitsleistung, wirtschaftliche Lage, Gesundheit, Vorlieben, Interessen etc. 232

Die Entscheidung muss eine rechtliche Wirkung entfalten oder die betroffene Person in ähnlicher Weise erheblich beeinträchtigen. Eine **rechtliche Wirkung** entsteht bspw. durch rechtsgeschäftliches Handeln. Dies ist bspw. der Fall, wenn automatisch über den Anspruch vertraglicher Leistungen entschieden wird. Eine **Beeinträchtigung in ähnlicher Weise** liegt vor, wenn durch die automatisierte Entscheidung für die betroffene Person fühlbare persönliche oder wirtschaftliche Konsequenzen entstehen. 233

Nicht unter das Verbot fallen dürften **personalisierte Werbemassnahmen** (wie bspw. AdWords, Instagram- oder Facebook-Werbung). Diese Werbemassnahmen entfalten keine rechtlichen Wirkungen und bringen kein erhebliches Risiko für die Rechte und Freiheiten der betroffenen Personen mit sich. 234

Vom Verbot gibt es **Ausnahmen in drei Fällen**. Die automatische Entscheidung muss... 235
- ... für den **Abschluss oder die Erfüllung eines Vertrages** zwischen der Verantwortlichen und der betroffenen Person notwendig sein: Ob dies der Fall ist, muss im Einzelfall anhand des Vertragszweckes der Parteien geprüft werden, oder;
- ... aufgrund von **Rechtsvorschriften der EU oder des EU-Mitgliedstaates (bzw. eines EFTA-Staats)**, dem die Verantwortliche unterliegt, zulässig sein. Schweizerisches Rechts zählt nicht dazu und bleibt somit wirkungslos, oder;
- ... mit **ausdrücklicher Einwilligung der betroffenen Person** erfolgen: Die Einwilligung muss den Anforderungen der DSGVO entsprechen (vgl. vorne II., 1.).

§ 3 Zulässigkeit der Datenverarbeitung

236 Ist die Verarbeitung zulässig, müssen **angemessene Massnahmen** von der Verantwortlichen getroffen werden, um die Rechte und Freiheiten sowie die berechtigten Interessen der Betroffenen zu schützen. Zu diesen Massnahmen gehört mindestens, dass die betroffene Person erwirken kann, dass vonseiten der Verantwortlichen **eine Person in die Entscheidfindung eingreift**. Weiter muss die betroffene Person ihren **eigenen Standpunkt** darlegen und den Entscheid **anfechten** können. Die betroffene Person muss spezifisch über das Anfechtungsrecht unterrichtet werden.

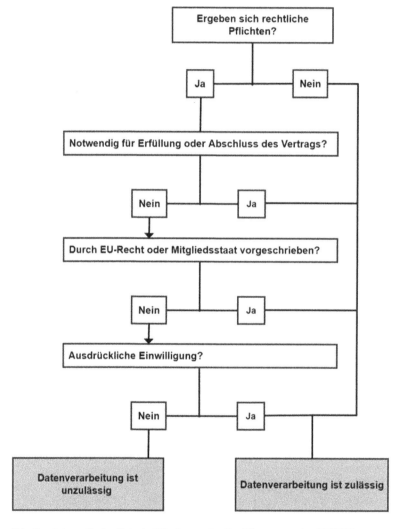

Abb. 6 – Automatische Entscheidfindung oder Profiling unter der DSGVO

Die Auswirkungen dieser Vorschrift sind für betroffene Unternehmen einschneidend. Aufgrund der technischen Entwicklung, die klar in die Richtung einer automatisierten Entscheidfindung geht, sind somit eine Vielzahl von Unternehmen von dieser Regelung betroffen sein. Prüfen Sie bei der Verwendung von automatisierten Entscheidfindungen oder von Profilings genau, ob diese unter das Verbot fallen und ob eine Ausnahme vorliegt. Im Zweifelsfall sollten Sie immer eine Einwilligung einholen. Bei Unsicherheiten macht es Sinn, eine Expertin beizuziehen.

237

Beispiel:

Die Automatic AG bietet Abenteuerreisen für verschiedene Destinationen an. Die Kundinnen können die Reisen online buchen. Um sicherzustellen, dass die Teilnehmerinnen die vorausgesetzten Belastungen für die entsprechenden Reisen erfüllen, müssen sie sich online durch mehrere Fragen klicken. Aufgrund der gegebenen Antworten, wird automatisch entschieden, ob die entsprechende Person zur Reise zugelassen wird.

238

Lösung:

Die automatische Entscheidfindung der Automatic AG fällt unter das Verbot der DSGVO, da die Entscheidung rechtliche Wirkungen entfaltet (Abschluss oder Nicht-Abschluss des Vertrages). Es muss somit eine Ausnahme vorliegen, welche die automatische Entscheidfindung rechtfertigt. Fraglich ist, ob die automatische Entscheidfindung für den Abschluss des Vertrages notwendig ist. Dies wird insbesondere davon abhängen, ob die gestellten und ausgewerteten Fragen für die Durchführung der Reise tatsächlich notwendig sind. In solchen Fällen empfiehlt es sich eine Einwilligung zu holen, welche die Betroffenen vor Ausfüllen des Fragebogens bspw. mittels anklicken eines Kästchens geben. Die Automatic AG muss zudem die vorgeschriebenen Massnahmen vornehmen.

239

VII. Beispiele und Fragen aus der Praxis

1. Was muss bei der Verwendung von Cookies beachtet werden?

Cookies sind **Textdateien**, die auf dem **Gerät der Besucherin** einer Webseite durch die Betreiberin der Webseite abgespeichert werden. Die Einstellungen in den meisten Browsern sind so, dass Cookies **automatisch** und damit unbemerkt zugelassen werden. Heutzutage versuchen die meisten Webseitenbetreiberinnen, Cookies auf dem Rechner der Benutzerinnen abzuspeichern. Je nach verwendetem Browser ist die Abspeicherungsart und -ort auf dem Rechner der Betroffenen unterschiedlich.

240

§ 3 Zulässigkeit der Datenverarbeitung

241 Welche Daten mit einem Cookie abgespeichert werden, hängt von der Art des Cookies ab. Normalerweise wird die IP-Adresse und in aller Regel auch die Adresse, von welcher das Cookie stammt, gespeichert. Wie lange ein Cookie aktiv ist und damit auf dem Rechner der Nutzerin abgespeichert bleibt, hängt von der Art des Cookies und dessen Programmierung ab.

242 Cookies haben einen **weiten Anwendungsbereich**. Sie können der Anbieterin der Webseite ermöglichen gewisse **Einstellungen** der Userin zu speichern, damit diese bei einem erneuten Seitenaufruf nicht neu eingegeben werden müssen. So können bspw. Spracheinstellungen, Formulardaten oder Inhalte eines Warenkorbs gespeichert werden. Bei sog. **Session-Cookies** werden diese Einstellungen nur für eine Surfsession gespeichert und die Cookies werden anschliessend automatisch gelöscht. Diese dienen dazu, mehrere zusammenhängende Anfragen einer Benutzerin zu erkennen und einer Sitzung zuzuordnen.

243 Die Verwendung von Cookies fällt in den **Anwendungsbereich des Datenschutzrechts**, da Personendaten wie die IP-Adresse verarbeitet werden.

244 *Dynamische IP-Adressen lassen für sich allein noch keinen Rückschluss auf die betroffene Person zu. Dies ist erst mithilfe von Behörden möglich (bspw. kann die Staatsanwaltschaft im Rahmen eines Strafverfahrens von der Fernmeldedienstanbieterin verlangen, dass sie preisgibt, wem sie die IP-Adresse vergeben hat).*

245 *Wird IP-Adresse hingegen mit weiteren Informationen kombiniert, wie der Standort, die Uhrzeit des Webseitenbesuchs, den Device-Finderprint (Geräte- und Browsereinstellungen) und Trackinginformationen, kann gegebenenfalls eine Person identifiziert werden.*

246 *Unter der DSGVO gelten dynamische IP-Adressen als personenbezogene Daten. In der Schweiz kommt es darauf an, wer die IP-Adresse erhebt und zu welchem Zweck dies geschieht bzw. welche Möglichkeiten die Verantwortliche zur Identifizierung der betroffenen Person hat.*

247 Für die rechtmässige Verwendung von Cookies, die IP-Adressen oder weitere Personendaten speichern, braucht es daher einen **Erlaubnistatbestand.** In der Schweiz ist aufgrund der mangelnden Transparenz oder Datenminimierung oftmals einen **Rechtfertigungsgrund** nötig.

248 Unter Datenschützern ist umstritten, ob sich die Verantwortliche dabei auf ihre **berechtigten Interessen** abstützen kann, oder ob immer eine **Einwilligung** notwendig ist. Unter der DSGVO hat sich das Einwilligungserfordernis bei den meisten nicht notwendigen Cookies weitergehend **durchgesetzt**. Das bedeutet, dass Cookies erst nach wirksamer und eindeutiger Einwilligung gesetzt werden dürfen.

So trifft man auf Webseiten im EU- bzw. EFTA-Raum regelmässig sog. «**Cookie-Consent-Banner**» an, die der Besucherin die Wahl der Cookies überlässt.

Oftmals sind solche Banner allerdings mit sog. «**Dark Patterns**» versehen, die ein bestimmtes Verhalten bei den Besucherinnen hervorrufen sollen. In der Regel wird der Button «**alle Cookies akzeptieren**» hervorgehoben, um von den überforderten oder lesemüden Besucherinnen eine Einwilligung zu erhalten.

Ohne entsprechende Einwilligung für die Cookie Verwendung muss sich die Verantwortliche auf ihre berechtigten Interessen berufen. Dabei kommt bspw. die Verbesserung des Angebotes auf der Webseite, die Verbesserung des Nutzererlebnisses auf der Webseite etc. in Frage.

Die berechtigten Interessen und die Zwecke der Verarbeitung der Daten müssen in der **Datenschutzerklärung aufgeführt werden** (vgl. hinten § 6). Zu beachten ist zudem, dass es bei der Berufung auf die berechtigten Interessen stets zu einer **Interessenabwägung** kommen muss (vgl. vorne II. 6.). Bei **Tracking-, Marketing- und Third-Party Cookies** wird allerdings stets eine Einwilligung eingeholt werden müssen.

Durch die **ePrivacy-Verordnung** werden sich Verantwortliche bei Cookie-Verwendungen bald nicht mehr auf ihre berechtigten Interessen berufen können. Vielmehr wird dann immer eine Einwilligung für die Verwendung aller Cookies erforderlich sein. Die ePrivacy-Verordnung wird **nicht vor 2025 verbindlich sein**.

Um die Voraussetzungen der DSGVO sicher zu erfüllen, sollten Sie bei den Nutzerinnen der Webseite für die Verwendung von Cookies eine Einwilligung einholen. Dies geschieht am besten mittels Banner, der bei Aufruf der Seite aufgeschaltet wird und die Nutzerin informiert, dass sie bei weiterem Surfen auf der Webseite mit der Verwendung der Cookies einverstanden ist und dies mittels Klick bestätigt. Für die entsprechenden technischen Lösungen gibt es verschiedenste Anbieterinnen.

In der Schweiz ist die Entwicklung noch nicht absehbar. Schweizer Webseiten verfügen kaum über Cookie-Consent-Banner, sondern lediglich über sog. «**Cookie-Hinweise**». Cookie-Hinweise verweisen auf die Datenschutzerklärung, holen aber keine Einwilligung der Besucherinnen ein. Sie dienen der **reinen Information** nach Art. 19 revDSG und Art. 45c des Schweizerischen Fernmeldegesetzes. Die Cookies werden so oder so gesetzt und die Besucherinnen müssen die Einstellungen in ihren Browsern anpassen, um bspw. ein Tracking zu verhindern.

2. Was gilt es beim Versand von Newslettern zu beachten?

256 Newsletter sind ein erfolgreiches und effizientes Marketing-Tool im E-Commerce Bereich und werden daher breit verwendet. Bei der Versendung von Newslettern werden Personendaten wie die E-Mail-Adresse verarbeitet, weshalb der Datenschutz zu beachten ist.

Anmeldeverfahren

257 Um nachweisen zu können, dass sich die betroffene Person selber (und nicht eine dritte Person) für den Newsletter angemeldet und ihre Einwilligung zur Datenverarbeitung gegeben hat, muss die Anmeldung zum Newsletter in einem sog. **Double-Opt-In-Verfahren** abgewickelt werden. Zu diesem Zweck wird der anmeldenden Person nach Eingabe der E-Mail-Adresse ein E-Mail mit einem Bestätigungslink gesendet. Das Newsletterabonnement wird erst wirksam mit dem Anklicken des Bestätigungslinks.

258 Zudem muss der **Zeitpunkt der Anmeldung** aus Beweisgründen gespeichert werden. Es macht in dieser Hinsicht auch Sinn, die IP-Adresse mitzuspeichern (falls Mailchimp als Dienstleister für den Newsletterversand genutzt wird, geschieht dies automatisch). Weiter sollte **protokolliert** werden, wie der Inhalt des Bestätigungs-Mails im Zeitpunkt des Versands an die Anmeldende aussah (bspw. durch Zusendung an eine Mitarbeiterin).

259 Damit die Einwilligung gültig erfolgt, braucht es eine entsprechende **Einwilligungserklärung** (vgl. vorne II., 1.). Diese kann direkt in das Anmeldeformular eingebunden werden und sollte folgende Angaben enthalten:
- **Inhalt des Newsletters:** Der Inhalt des Newsletters muss kurz beschrieben werden. Die Beschreibung sollte dabei nicht zu eng gefasst werden, sonst kann sich der Inhalt des Newsletters nur in diesem engen Bereich bewegen. Gleichzeitig darf er aber auch nicht zu weit sein, da eine pauschale Zustimmung keine datenschutzkonforme Einwilligung darstellt. Eine passende Beschreibung wäre bspw.: «*Der Newsletter umfasst Informationen zu unseren Leistungen, Produkten und Veranstaltungen sowie zu unserem Unternehmen.*»
- **Zusätzliche Angaben zur E-Mail-Adresse:** Werden weitere Personendaten wie bspw. Namen erhoben, muss begründet werden wieso diese Daten erhoben werden (bspw. bei Namen: zur Personalisierung des Newsletters, Verhinderung von Missbrauch etc.).
- **Erfolgsmessung:** Wird beim Newsletter eine Erfolgsmessung vorgenommen, muss auf diese schon im Anmeldeformular hingewiesen werden. Ansonsten ist diese von der Einwilligung nicht erfasst.
- **Protokollierung der Anmeldung:** Da die Protokollierung gesetzlich vorgeschrieben ist, muss diese nicht erwähnt werden. Erwähnt werden sollte aber die Speicherung der IP-Adresse.

– **Widerrufsmöglichkeit:** Die Abonnentinnen müssen auf die Möglichkeit des Widerrufs hingewiesen werden.

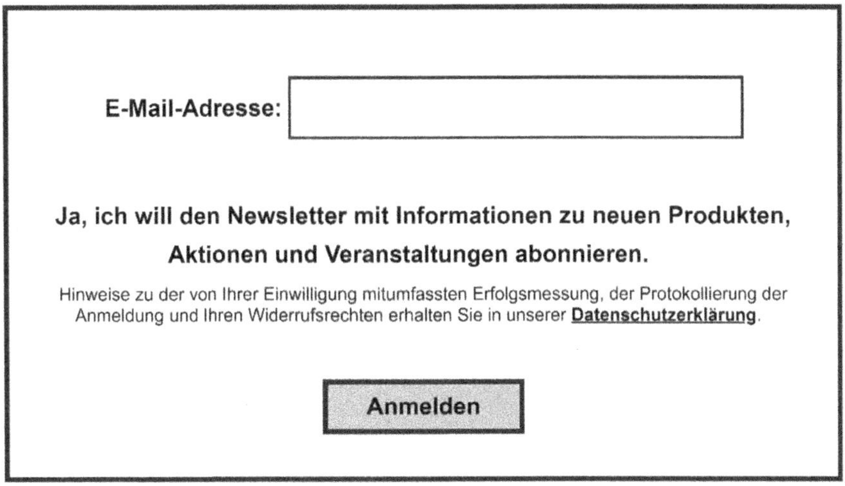

E-Mail-Adresse: [   ]

Ja, ich will den Newsletter mit Informationen zu neuen Produkten, Aktionen und Veranstaltungen abonnieren.

Hinweise zu der von Ihrer Einwilligung mitumfassten Erfolgsmessung, der Protokollierung der Anmeldung und Ihren Widerrufsrechten erhalten Sie in unserer **Datenschutzerklärung**.

[Anmelden]

Abb. 7 – Beispiel für eine Einwilligungserklärung

Dieses Formular muss je nach Inhalt des Newsletters angepasst werden. Je genauer die Angaben sind, umso eher ist das Formular datenschutzkonform.

Erfolgsmessung

Das Versenden von Newslettern in grösserem Umfang kann Kosten verursachen. In diesen Fällen ist die Messung der Erfolgsquoten und der Beliebtheit der Inhalte von Interesse. Dies kann durch **Erfolgsmessungs-Tools** geschehen, die eine Auswertung in Form von Graphiken und Statistiken vornehmen. Die Statistiken sind allerdings nicht anonym, sondern können anhand der E-Mail-Adresse jeder Empfängerin individuell zugeordnet werden. So wird aufgezeichnet, wann die Empfängerin den Newsletter geöffnet und wann sie welche Links angeklickt hat. Dabei handelt es sich um eine Verarbeitung personenbezogener Daten, die einer Rechtsgrundlage bedarf.

Aufgrund der ePrivacy-Verordnung, eine europäische Verordnung welche die Vorschriften der DSGVO erweitert, wird eine ausdrückliche Einwilligung der Nutzerin erforderlich sein, um Erfolgsmessungstools rechtmässig zu verwenden.

Der Einsatz von Erfolgsmessungstools ohne Einwilligung ist ausnahmsweise zulässig, wenn sich die Empfängerin die E-Mails ausdrücklich gewünscht hat und wenn die Erfolgsmessung für den Versand unbedingt erforderlich ist.

Beispiel:

264 | Frau Fuchs abonniert den Newsletter der Zeitung AG. Dabei möchte Sie nur über neue Beiträge informiert werden, welche ihrem Leserprofil entsprechen.

Lösung:

265 | Die Zeitung AG darf Erfolgsmessungstools verwenden, zumal Frau Fuchs sich den Newsletter ausdrücklich gewünscht hat. Zudem kann dieser nur ihrem Leserprofil entsprechen, wenn Erfolgsmessungstools eingesetzt wurden, um die dafür erforderlichen Daten zu sammeln.

266 Die ePrivacy-Verordnung wird aber frühestens 2023 in Kraft treten und wird erst mit einer Übergangsfrist von zwei Jahren verbindlich werden. Diese Regelungen sind also erst frühestens per 2025 zu beachten.

267 Unter der aktuellen Rechtslage ist es unklar und umstritten, ob die **berechtigten Interessen** der Newsletter-Versenderin für eine Erfolgsmessung genügen. In diesem Fall würde der Hinweis in der Datenschutzerklärung ausreichen.

268 Um sicher zu gehen, dass die Rechtsgrundlage ausreichend ist, sollte für die Erfolgsmessung eine **Einwilligung** eingeholt werden. In diesem Fall wird die Erfolgsmessung einfach im Anmeldeformular eingeschlossen. Der Vorteil dabei ist, dass keine Interessenabwägung vorgenommen werden muss.

269 Einige Datenschützer gehen davon aus, dass für die Erfolgsmessung im Newsletter eine **separate Einwilligung** (bspw. mittels separater Checkbox) notwendig ist. Dies aufgrund des **Kopplungsverbots**, wonach eine Leistung nicht von der Zustimmung zu einer Datenverarbeitung abhängig gemacht werden darf (vgl. vorne II. 1.). Dies wird aber bei einem Newsletter kaum einschlägig sein, da dieser selten so einzigartig sein wird, dass sich die Nutzerin gezwungen fühlt, diesen zu abonnieren und der Datenverarbeitung zuzustimmen. Wir empfehlen daher für die Erfolgsmessung eine **einfache Einwilligung** mittels Anmeldeformular einzuholen (vgl. vorne Abb. 7) Aus unserer Sicht ist es ausreichend, wenn in der Einwilligungserklärung auf die Erfolgsmessung hingewiesen und diese in der Datenschutzerklärung ausgeführt wird (vgl. vorne Abb. 7).

Kopplung von Leistungen an das Newsletterabonnement

270 Zum Teil werden durch den Versand eines Newsletters gewisse **Leistungen gratis erbracht**, wenn sich die Nutzerin im Gegenzug für den Newsletter anmeldet (bspw. Abgabe eines E-Books, Teilnahme an einem Gewinnspiel etc.). Dabei stellt sich die Frage, ob eine solches Vorgehen zulässig oder aufgrund des Kopplungsverbotes untersagt ist.

271 Bei der Gratisabgabe eines E-Books oder der Möglichkeit zur Teilnahme an einem Gewinnspiel wird bei den Betroffenen selten eine Zwangslage vorlie-

gen. Eine Kopplung dürfte daher in diesen Fällen zulässig sein. Allerdings bleibt ein gewisses Risiko einer Verletzung der DSGVO bestehen. Um diese zu minimieren, sollte immer bereits bei der Einstiegsseite **auf die Kopplung hingewiesen werden** und nicht erst nachdem die Nutzerinnen bereits das ganze Formular ausgefüllt haben. Nutzerinnen müssen auch in diesen Fällen die Möglichkeit haben, sich jederzeit vom Newsletter abzumelden.

3. Worauf muss bei der Verwendung von Tracking-Tools geachtet werden?

272 Mit der Hilfe von Tracking-Tools können Webseitenbetreiberinnen das **Verhalten ihrer Webseitenbesucherinnen untersuchen**. Beim Webtracking werden sämtliche Daten, welche von einer Nutzerin erhoben werden können, gesammelt und ausgewertet. Dadurch lässt sich das Verhalten der Nutzerin auf der eigenen Webseite auswerten. Tracking-Tools sind wichtig für die Erfolgskontrolle im Online-Marketing oder zur Überprüfung der Nutzerfreundlichkeit einer Webseite. Die wichtigsten kostenlosen Tracking Tools sind Google Analytics und Matomo.

a) Google Analytics

273 **Google Analytics** ist das mit Abstand am meisten eingesetzte Tracking-Tool. Die Webseitenbetreiberinnen haben bei der Nutzung von Google Analytics die Möglichkeit im Konfigurationsmenü die Daten gemäss den eigenen gewünschten Vorstellungen zu erheben. Google Analytics verwendet Cookies, die im Browser der Webseitenbesucherinnen abgespeichert werden (zum Begriff der Cookies, vgl. vorne VI, 1.). Die erhobenen Daten der Nutzerinnen wie Browser-Typ, verwendetes Betriebssystem, Referrer-URL (die zuvor besuchte Seite), IP-Adresse und Uhrzeit der Serveranfrage werden an Google in die USA weitergeleitet.

274 Zunächst stellt sich die Frage des **Erlaubnistatbestandes**. Früher wurde von Datenschützern zum Teil die Meinung vertreten, dass Google Analytics nur mittels Einwilligung DSGVO-konform verwendet werden könne. Mittlerweile ist die Nutzung von Google Analytics unter der DSGVO, auch mit Einwilligung der Nutzerin, kaum noch möglich. Das liegt daran, dass dessen rechtmässiger Einsatz mit unverhältnismässigem Aufwand verbunden ist, weil Massnahmen für Datenexporte in die USA getroffen werden müssen (vgl. § 5). Die französische und die österreichische Datenschutzschutzbehörde gingen sogar so weit, Google Analytics als rechtswidrig einzustufen.

§ 3 Zulässigkeit der Datenverarbeitung

275 *Der Aufwand der für den rechtmässigen Einsatz von Google Analytics erforderlich ist, steht in keinem angemessenem Verhältnis zum Nutzen. Datenschutzfreundlichere Trackingdienste wie bspw. Matomo eignen sich deutlich besser.*

b) Andere Tracking-Dienste

276 Die Einwilligung kann von den Webseitenbesucherinnen mittels «Cookie-Banner» beim Aufruf der Seite eingeholt werden.

277 Für die technische Implementierung solcher Einwilligungen gibt es mittlerweile verschiedene Anbieterinnen. Zentral ist dabei, dass die Lösung so funktioniert, dass das Tracking bei Ablehnung durch Webseitenbesucherinnen automatisch ausgeschaltet bzw. gar nicht erst begonnen wird.

Dürfen wir Ihre Nutzung unserer Webseite zur Verbesserung unseres Angebot und Feststellung Ihrer Interessen auswerten?

Zu diesen Zweck verwenden wir [Trackingdienst]. Zusätzliche Informationen finden Sie in unserer **Datenschutzerklärung**. Ihre Einwilligung ist freiwillig und Sie können diese jederzeit mit Wirkung für die Zukunft widerrufen.

Abb. 8 – Beispiel für Einwilligungserklärung für die Nutzung von Trackingdiensten

278 Damit ein Tracking-Dienst datenschutzkonform verwendet werden kann, müssen zudem folgende Punkte berücksichtigt werden:
- **Vertrag über die Auftragsdatenverarbeitung**: Da der Tracking-Dienst die Daten der Webseitennutzerinnen im Auftrag der Webseitenbetreiberin verarbeitet, liegt eine sog. Auftragsverarbeitung vor. Dafür ist ein Vertrag notwendig, in dem die Auftragsdatenverarbeitung geregelt wird (vgl. hinten § 4).

- **Anonymisierung**: Wann immer möglich, sollte das Tracking anonym erfolgen. Das heisst, das Tracking sollte nicht über Informationen erfolgen, die einen Personenbezug herstellen lassen (bspw. IP-Adressen).
- **Opt-Out-Möglichkeit**: Den Userinnen muss die Möglichkeit gegeben werden, sich dem Tracking zu widersetzen (Opt-Out). Auf diese Weise wird dem Widerspruchsrecht Rechnung getragen. Dies kann mit einem Browser-Plugin für Desktop-PCs oder Notebooks geschehen, welche die Userinnen auf ihrem Gerät installieren können. Solche Browser-Plugins setzen für die spezifische Webseite und Browser ein Opt-Out-Cookie, welches das Tracking verhindert. Der Hinweis und Link muss in der Datenschutzerklärung eingefügt werden.[1] Da das Opt-Out-Cookie auf mobilen Geräten nicht funktioniert, ist diesbezüglich eine weitere Lösung notwendig. Hierzu muss ein Opt-Out-Cookie mittels Java-Script gesetzt werden. Den Userinnen auf mobilen Geräten wird dann in der Datenschutzerklärung ein Link zur Verfügung gestellt werden müssen, mit dem sie das Opt-Out wahrnehmen können.[2]
- **Speicherdauerbegrenzung**: Im Hinblick auf den Grundsatz der **Speicherbegrenzung** muss überprüft werden, wie lange die Daten benötigt werden und die Einstellungen müssen dementsprechend angepasst werden. Möglich ist nach wie vor auch die Einstellung, dass die Daten nicht automatisch gelöscht werden.[3]
- **Datenschutzerklärung**: In der Datenschutzerklärung muss auf die Verwendung von Tracking-Tools hingewiesen werden. Dabei muss die Funktionsweise des Tools und die Datenverarbeitung erklärt, die Rechtsgrundlage und die Auftragsdatenverarbeitung erwähnt und auf die Möglichkeit zum Opt-Out verwiesen werden.

4. Können Social-Media-Plugins datenschutzkonform verwendet werden?

Social-Media-Plugins sind kleine Schaltflächen, die von den sozialen Netzwerken wie **Facebook**, **Twitter**, **YouTube** etc. zur Verfügung gestellt werden und von den Webseitenbetreiberinnen direkt auf ihrer Webseite integriert werden können. Dazu gehören bspw. der «Like»- oder «Share-Button» von Facebook oder die Einbettung von YouTube Videos. Die Nutzerinnen

---

[1] http://tools.google.com/dlpage/gaoptout?hl=de.
[2] Vgl. für die Anleitung zur Erstellung des Java-Scripts https://developers.google.com/analytics/devguides/collection/gajs/?hl=de#disable.
[3] Vgl. für mehr Informationen https://support.google.com/analytics/answer/7667196?hl=de.

können so bspw. einen Artikel auf der Webseite liken und teilen oder ein YouTube Video anschauen, ohne die Seite zu verlassen. Social-Media-Plugins werden von den sozialen Netzwerken in der Form eines Programmcodes zur Verfügung gestellt, der dann in die HTML-Programmierung der Webseite mittels eines sog. «**Iframes**» eingebunden werden kann.

280 Social-Media-Plugins sind bei Webseitenbetreiberinnen sehr beliebt, da durch das «liken» und «sharen» die Reichweite von Artikeln erhöht werden kann oder durch die Einbettung von YouTube Videos, Inhalte ansprechender dargestellt werden können.

281 Aus datenschutzrechtlicher Sicht sind Social-Media-Plugins sehr problematisch. Soziale Netzwerke sammeln damit eine Vielzahl an Daten der Nutzerinnen von Webseiten, welche ein Plugin benutzen. Dabei werden Surfverhalten und auch die IP-Adresse aller Webseiten-Nutzerinnen gespeichert, also auch von den Nutzerinnen, welche kein Social-Media-Plugin anklicken. Sind die Nutzerinnen bei der sozialen Plattform, von der das Plugin zur Verfügung gestellt wird, eingeloggt, so werden die gesammelten Daten dem Profil der Nutzerin hinzugefügt. Die Daten werden aber auch gesammelt, wenn die Nutzerin nicht eingeloggt ist, ja sogar, wenn sie gar kein Nutzerkonto besitzt.

282 Da durch die Verwendung von Social-Media-Plugins Personendaten verarbeitet werden, muss eine **Rechtsgrundlage** gegeben sein (vgl. vorne II.). Eine **Einwilligung** wird in der überwiegenden Anzahl von Fällen nicht vorliegen, da den meisten Nutzerinnen schon gar nicht bekannt ist, dass diese Daten verarbeitet werden und an die sozialen Netzwerke weitergegeben werden. Es wäre auch kaum praktikabel eine Einwilligung einzuholen. Eine Lösung des Problems der Einwilligung kann mit der Verwendung der sog. 2-Klick- oder Shariff-Lösung erreicht werden.

283 Fraglich ist, ob für die Verwendung von Social-Media-Plugins auf **berechtigte Interessen** der Webseitenbetreiberin abgestellt werden kann. Als berechtige Interessen kommen bspw. die **verbesserte Darstellung des eigenen Angebotes** oder die **Erhöhung der Reichweite des eigenen Angebotes** in Frage. Bei der Interessenabwägung ist aber auch zu berücksichtigen, ob für die Webseitenbenutzerinnen die Erhebung und Verarbeitung der Daten absehbar ist, bzw. ob sie damit rechnen müssen. Dies dürfte bei den Social-Media-Plugins meistens nicht der Fall sein. Die Benutzerinnen können kaum damit rechnen, dass beim Aufrufen einer Webseite Daten gesammelt und über sie detaillierte Persönlichkeitsprofile erstellt werden. Kommt hinzu, dass die sozialen Netzwerke die genaue Sammlung und Verarbeitung der Daten nicht genau offenlegen.

284 Die Verwendung von Social-Media-Plugins im herkömmlichen Sinn bietet daher datenschutzrechtlich ein beträchtliches Risiko, da sie kaum mit der DSGVO und dem revDSG in Einklang gebracht werden kann. Wer trotzdem nicht auf Social-Media-Plugins verzichten will, sollte die Verwendung zumin-

dest in der Datenschutzerklärung offenlegen. Dies alleine macht die Verwendung allerdings noch nicht rechtskonform.

Für einen Teil von Social-Media-Plugins (hauptsächlich für Facebook-Plugins) kann eine datenschutzkonforme Einsetzung mittels der 2-Klick- oder der Shariff-Lösung erreicht werden:

– **2-Klick-Lösung**: Die 2-Klick-Lösung dient dazu eine **Einwilligung** der Benutzerinnen zur Datenverarbeitung im Zusammenhang mit der Verwendung von Social-Media-Plugins zu holen. Dabei wird vor das entsprechende Social-Media-Plugin ein Hinweis geschaltet, durch den die Userinnen informiert werden, dass für die Aktivierung der Verknüpfung zum sozialen Netzwerk zunächst ein Symbol angeklickt werden müsse. Wenn die Nutzerin auf dieses Symbol klickt, wird sie gemäss den Anforderungen an die Einwilligung informiert, so dass sie mit dem 2. Klick auf das entsprechende Plugin bestätigt, dass sie mit der Sammlung und Übertragung der Daten einverstanden ist. Das entsprechende Plugin wird erst mit dem 2. Klick geladen und Daten werden erst ab diesem Zeitpunkt übertragen.

Die 2-Klick-Lösung vermag allerdings nicht sämtliche datenschutzrechtlichen Bedenken zu lösen. Die wirksame Einwilligung setzt voraus, dass die Betroffene genau weiss, zu was sie seine Einwilligung gibt. Da bspw. Facebook aber bisher nicht genau offenlegt, welche Daten überhaupt verarbeitet werden, kann auch keine gültige Einwilligung vorliegen.

Zudem stellt sich das Problem des Nachweises der Einwilligung. Ohne Double-Opt-In-Verfahren ist dieser Nachweis kaum zu erbringen. Bei Social-Media-Plugins ist das Double-Opt-In-Verfahren aber höchst unpraktikabel und wird kaum Verwendung finden.

– **Shariff-Lösung:** Die Shariff-Lösung ist eine Verbesserung und Weiterentwicklung der 2-Klick-Lösung. Dabei wird ein Skript in den Webseitencode integriert, das abruft, wie oft eine Seite geteilt oder «geliked» wurde. Der Kontakt wird über Programmierschnittstellen (APIs) aufgenommen und die Abfrage geschieht vom Server aus. Dadurch werden nicht die IP-Adressen der Nutzerinnen, sondern lediglich die Server-Adresse (des Webseitenbetreibers) an die sozialen Netzwerke übertragen. Eine Verbindung zwischen den Nutzerinnen und dem sozialen Netzwerk wird erst dann hergestellt, wenn die Nutzerinnen aktiv werden und auf die entsprechende Schaltfläche klicken um Inhalte zu «liken», oder zu teilen etc. Vorher werden keine Daten der Nutzerinnen an die sozialen Netzwerke übertragen. Klickt eine Nutzerin auf einen Link, liegt die Verantwortung für die Datenverarbeitung nicht mehr bei der Betreiberin der Webseite, sondern beim entsprechenden sozialen Netzwerk.

Prüfen Sie bei der Verwendung von Social-Media-Plugins genau, ob Sie das Risiko, welches mit deren Verwendung einhergeht eingehen wollen. Wo möglich implementieren Sie die Shariff-Lösung.

§ 4. Auftragsdatenverarbeitung

I. Was wird unter der Auftragsdatenverarbeitung verstanden?

Beispiel:

287 | Das Treuhandunternehmen von Herrn Schmid (Treuhand AG) verfügt über viele Kundendaten. Darunter sowohl juristische als auch natürliche Personen. Diese Daten speichert die Treuhand AG aber nicht auf einem eigenen Server im Büro, sondern bei einer externen IT-Firma. Diese wartet die Server und ist auch verpflichtet, die Daten der Treuhand AG regelmässig zu speichern (BackUp).

Lösung:

288 | Die Treuhand AG ist primär für die von ihr verwendeten Daten verantwortlich. Das Datenschutzrecht spricht deshalb vom «Verantwortlichen» (Englisch: Controller). Sie übermittelt diese Daten aber einem Dritten (die IT-Firma). Die IT-Firma bearbeitet die Daten (Speicherung, Wartung etc.) im Auftrag der Treuhand AG. Die IT-Firma ist deshalb ein sog. Auftragsverarbeiter (Englisch: Processor). Zwischen der Treuhand AG und der IT-Firma muss deshalb ein Vertrag abgeschlossen werden, der die Rechte und Pflichten regelt.

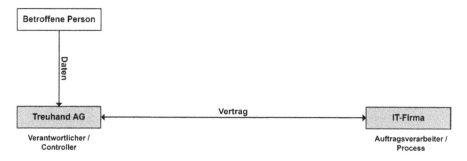

Abb. 1 – Beteiligte bei der Auftragsverarbeitung

1. Hohe praktische Relevanz der Auftragsdatenverarbeitung

289   Die Problematik der Auftragsdatenverarbeitung wird immer dann relevant, wenn Geschäftsprozesse einer Unternehmung extern in Auftrag gegeben werden (sog. **Outsourcing**). Regelmässig wird bspw. die Buchhaltung an eine Treuhandfirma ausgelagert. Auch Unternehmen, die die Dienstleistungen von Call-Centern beanspruchen, um den Absatz zu maximieren, lagern Geschäftsprozesse – die Akquisition – aus.

Cloudanbieter wie DropBox, Tresorit und Trello sind ebenfalls externe Dienstleister. Deshalb muss auch hier die Frage nach der Auftragsdatenverarbeitung gestellt werden.

2. Sinn und Zweck der Auftragsdatenverarbeitung

Das Prinzip des Outsourcings ist im Geschäftsalltag weit verbreitet. Es ist unbestritten, dass eine Unternehmung gewisse Dienstleistungen mangels (fachlicher oder personeller) Ressourcen auslagern muss. Das Datenschutzrecht kann daher nicht verbieten, die Personendaten an weitere Unternehmen zu übermitteln.

Im Rahmen des Datenschutzrechts muss deshalb sichergestellt werden, dass diejenige Unternehmung, die die Personendaten von einer auftraggebenden Unternehmung erhält, ebenfalls verpflichtet wird, die Daten zu schützen. Nehmen wir das oben dargelegte Beispiel: Die Treuhand AG bearbeitet Personendaten ihrer Kunden. Sie ist von Gesetzes wegen verpflichtet, diese Daten zu schützen. Nun werden die Daten an die IT-Firma übermittelt. Damit nun der Schutz der Daten nicht einfach wegfällt, verpflichtet das Datenschutzrecht die Treuhand AG mit der IT-Firma einen Vertrag abzuschliessen (Auftragsdatenverarbeitungsvertrag), um so auch die IT-Firma zum Schutz der Daten zu verpflichten.

Dürfen Personendaten auch bei Vorliegen einer gesetzlichen Geheimhaltungspflicht an einen Auftragsverarbeiter ausgelagert werden?

Im Rahmen des Berufsgeheimnisses, dass bspw. für Ärzte, Geistliche oder Anwälte gilt, ist eine Auftragsverarbeitung nicht ausgeschlossen. Wichtig ist hierbei, dass der **Auftragsverarbeiter weiss**, dass er **als Hilfsperson eines Berufsgeheimnisträgers** eingesetzt wird. So speichern Anwaltskanzleien oder Gesundheitspraxen die Personendaten ihrer Klienten und Patienten heute zunehmend auf einer Cloudumgebung. Dies ist allerdings kein leichtes Unterfangen, so sollten Berufsgeheimnisträger **vorgängig eine Risikoabschätzung vornehmen**.

Sollten Sie dem Berufsgeheimnis unterstehen, wird empfohlen, die in Frage kommenden Auftragsverarbeiter vorgängig genau zu prüfen. Prüfkriterien können sein:
- *Art der Datenhaltung (OnPrem, Private oder Public Cloud)*
- *Datenstandort (Schweiz oder EWR-Raum)*
- *Zertifizierungen (bspw. ISO 27001 und ISO 27018 für Cloudanbieter)*
- *Verfügbarkeit der Daten im Rechenzentrum (Tier-Klassen)*

- *Technische und organisatorische Massnahmen (zusätzliche Verschlüsselung, kein unüberwachter Fernzugriff, Berechtigungskonzept etc.)*
- *Vertragliche Regelungen und Verhandlungsbereitschaft (bspw. Gerichtsstand und anwendbares Recht, Haftungssumme, Service Levels)*
- *Transparenz (Inspektions- und Prüfrechte des Verantwortlichen, Offenlegung der beauftragten Sub-Auftragsverarbeiter).*

II. Bin ich Verantwortlicher oder Auftragsverarbeiter?

Beispiel:

296 | Herr Schmid ist Steuerberater. Er erhält von seinen Kunden Personendaten mit dem Auftrag, die Steuererklärung auszufüllen und soweit rechtlich möglich, zu optimieren. Ihm obliegt ebenfalls die Korrespondenz mit den kantonalen Steuerverwaltungen. Herr Schmid fragt sich, ob er im Sinne des Datenschutzes als «Verantwortlicher» oder als «Auftragsverarbeiter» zu qualifizieren ist.

Lösung:

297 | Diese Frage stellt sich Herr Schmid zu Recht. Denn Auftragsverarbeiter ist nur, wer keinen Einfluss über Mittel und Zweck der Datenverarbeitung hat. Wer aber über das «Wie und Warum» der Datenverarbeitung entscheiden kann, der gilt nicht als Auftragsverarbeiter, sondern als Verantwortlicher. Herr Schmid hat als Steuerexperte grossen Einfluss darauf, ob, wie und inwiefern er die ihm übermittelten Daten verarbeitet. Aufgrund seiner speziellen Fachkenntnis, kann ihm sein Kunde keine genauen Vorgaben zur Art und Weise der Datenverarbeitung machen. Er ist als Verantwortlicher zu qualifizieren. Damit gibt es in diesem Fall zwei Verantwortliche (der Kunde von Herr Schmid und Herr Schmid selbst).

298 Das folgende Prüfschema soll dazu dienen, zu ermitteln, ob Sie als Verantwortlicher oder als Auftragsverarbeiter zu qualifizieren sind.

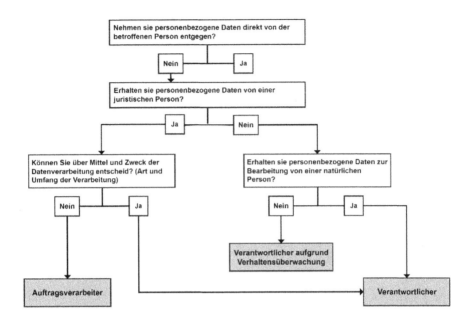

Abb. 2 – Verantwortlicher oder Auftragsverarbeiter

Eine Auftragsverarbeitung liegt zusammenfassend vor, wenn[4]:
- der Beauftragte mit der Verarbeitung keine eigenen Zwecke verfolgt, sondern die Zweckrichtung der Verarbeitung allein durch den Auftraggeber vorgegeben wird, und;
- der Auftraggeber über die wesentlichen Mittel der Verarbeitung entscheidet.

Sollte Ihre Prüfung ergeben, dass Sie nebst anderen Verantwortlichen ebenfalls als Verantwortlicher zu qualifizieren sind (sog. gemeinsame Verantwortung) so empfiehlt sich die Kontaktaufnahme mit einem Experten. Ohne vertragliche Vereinbarung unter den Verantwortlichen besteht nämlich das Risiko, dass Sie für die Tätigkeiten der anderen Verantwortlichen haften, ohne darauf Einfluss nehmen zu können.

---

[4] Robert Kazemi, Die EU-Datenschutz-Grundverordnung in der anwaltlichen Beratungspraxis, § 8 N 8.

III. Ich bin Auftragsverarbeiter. Welche Folgen hat das für mich?

1. Abschluss eines Datenverarbeitungsvertrages

301 Der Auftragsverarbeiter und der Verantwortliche müssen einen Vertrag abschliessen (sog. **Auftragsdatenverarbeitungsvertrag**, kurz «**ADV**»). Meistens handelt es sich dabei um eine Individualvereinbarung. Der Vertrag kann aber auch im Rahmen von vorformulierten Vertragsbedingungen abgeschlossen werden, was vor allem bei im Internet abgeschlossenen Verträgen der Fall ist. Dies trifft auf die meisten SaaS-Lösungen zu; Beispiele hierfür sind Bexio, DocuSign oder Zoom.

302 Das Europäische Datenschutzrecht bestimmt in Art. 28 DSGVO, was im Vertrag zu definieren ist. Folgende Themen sind im Verarbeitungsvertrag zu definieren:
– Gegenstand und Dauer der Datenverarbeitung;
– Art und Zweck der Datenverarbeitung;
– Kategorien der betroffenen Personen;
– Pflichten und Rechte des Verantwortlichen;
– Pflichten und Rechte des Auftragsbearbeiters.

303 Das revDSG enthält keine expliziten Anforderungen an den Vertrag. Art. 9 revDSG erwähnt lediglich, dass der Auftragsverarbeiter die Personendaten so bearbeiten darf, wie der Verantwortliche selbst es tun dürfte. Die vertragliche Umsetzung wird den Parteien überlassen. Ausserdem muss sich der Verantwortliche vergewissern, dass der **Auftragsbearbeiter in der Lage ist, die Datensicherheit zu gewährleisten**.

304 Üblicherweise empfiehlt es sich, die mit allfälligen Vertragspartnern bereits bestehenden Vertragswerke generell zu überprüfen und – wenn notwendig – mit einem Auftragsdatenverarbeitungsvertrag zu ergänzen. Der Auftragsdatenverarbeitungsvertrag wird als Anhang in den bestehenden Leistungsvertrag integriert.

305 In der Schweiz werden mittlerweile ähnlich umfangreiche ADV abgeschlossen wie unter der DSGVO. Die häufigsten Diskussionspunkte in Vertragsverhandlungen sind:
– Meldepflichten und -fristen bei Cyberangriffen oder vermuteten Sicherheitslücken;
– Vergütung von Unterstützungsleistungen des Auftragsverarbeiters bei Anfragen von Aufsichtsbehörden und betroffenen Personen;
– Umfang der Inspektions- und Prüfrechte des Verantwortlichen;
– Genehmigung von Sub-Auftragsverarbeitern und der Einsatz von US-amerikanischen Cloudprovidern (vgl. hinten § 5);

- Löschen bzw. Vernichten von Personendaten durch den Auftragsverarbeiter;
- Haftungssummen und Umfang (bspw. Haftung für indirekte Schäden wie Bussgelder, Reputationsverlust oder Ansprüche von betroffenen Personen);
- Ausserordentliche Kündigungsrechte bei Datenschutzverletzungen;
- Gerichtsstand und anwendbares Recht.

Die meisten IT- und Cloudprovider werden Ihnen eigene Vertragsbedingungen vorlegen. Dabei ist es wichtig, dass Sie Verhandlungen führen, sollten die Bedingungen nicht ausreichend sein. Ein zentraler Punkt sind die Transparenzpflichten des Auftragsverarbeiters. Sie sollten insbesondere auf angemessene Prüf-, Kontroll- und Inspektionsrechte sowie geeignete technische und organisatorische Massnahmen beharren. So können Sie allfälligen Bussen wegen Sorgfaltspflichtverletzungen aus dem revDSG vorbeugen (vgl. hinten § 9). 306

Hinweis: Auf das Abdrucken einer Standardvorlage verzichten wir im Gegensatz zur Vorauflage dieses Buches. Es hat sich gezeigt, dass die zahlreichen Auftragsdatenverarbeitungen (vom Treuhand bis zur Cloud), nicht unter einer anwendungsfreundlichen Standardvorlage vereint werden können, sondern individuelle Anpassungen erfordern. 307

2. Weisungsgebundenheit des Auftragsverarbeiters und Dokumentationspflicht

Der Verantwortliche hat gegenüber dem Auftragsverarbeiter ein **Weisungsrecht**. Damit dürfen Sie als Auftragsverarbeiter die Daten nur in der Art und Weise bearbeiten, wie dies vom Verantwortlichen beauftragt wird. Gleichzeitig sind Sie verpflichtet, den Verantwortlichen auf allfällige Verletzungen des Datenschutzrechts hinzuweisen. Eine datenschutzwidrige Verarbeitung von Daten muss der Auftragsverarbeiter unterlassen, selbst wenn die entsprechende Verarbeitung vom Verantwortlichen in Auftrag gegeben wurde. 308

Jede Weisung des Verantwortlichen muss **dokumentiert** werden. Dies gilt auch für mündlich erteilte Weisungen. Empfehlenswert ist bspw. die Vereinbarung, dass mündliche Weisungen des Verantwortlichen umgehend schriftlich bestätigt werden müssen. Die schriftliche Übermittlung per E-Mail ist nach der hier vertretenen Ansicht zulässig. 309

Als Auftragsverarbeiter sind Sie schliesslich verpflichtet, sicherzustellen, dass alle Ihnen unterstellte Personen nach den Weisungen des Verantwortlichen handeln. Das gilt auch für Auftragsverarbeiter, die Sie hinzuziehen (sog. **Sub-Auftragsverarbeiter**). 310

3. Ergreifen von technischen und organisatorischen Massnahmen

311 Im ADV muss der Auftragsverarbeiter verpflichtet werden, **geeignete technische und organisatorische Massnahmen** zur Gewährung eines angemessenen Schutzniveaus zu ergreifen.

312 Diese Massnahmen müssen vom Verantwortlichen nicht vorgegeben werden. Die Umsetzung dieser Massnahmen kann im Einzelnen dem Auftragsverarbeiter überlassen werden.

313 In der Praxis hat es sich aber bewährt, dass die technischen und organisatorischen Massnahmen zumindest grob beschrieben werden. Ebenfalls ist es empfehlenswert, dem Auftragsverarbeiter im Vertrag die Pflicht aufzuerlegen, den Verantwortlichen über die konkret ergriffenen Massnahmen aktiv zu orientieren und dieser Orientierungspflicht auch bei Änderungen und Anpassungen dieser Massnahmen nachzukommen.

4. Protokollierung und Bearbeitungsreglement

314 Liegt eine **besonders risikoreiche Bearbeitung vor** und können die **technischen und organisatorischen Massnahmen den Datenschutz nicht gewährleisten**, ist der Verantwortliche und sein Auftragsverarbeiter dazu verpflichtet, die Verarbeitung zu **protokollieren** und ein **Bearbeitungsreglement** zu führen.

315 Es muss zumindest das Speichern, Verändern, Lesen, Bekanntgeben, Löschen und Vernichten der Daten protokolliert werden. Die meisten Datenmanagementsysteme verfügen heutzutage über solche Protokollierungen. Die Protokollierung muss **während mind. einem Jahr** getrennt von der Bearbeitung **aufbewahrt werden**. Ob ein gewöhnliches Backup diese Anforderungen erfüllt, ist noch nicht klar.

316 Das Bearbeitungsreglement enthält Angaben zur internen Organisation, zum Datenbearbeitungs- und Kontrollverfahren sowie zu den technischen und oragnisatorischen Massnahmen. Es muss regelmässig aktualisiert werden.

317 Bei der Protokollierung und dem Bearbeitungsreglement handelt es sich um **Mindestanforderungen an die Datensicherheit**. Die Missachtung dieser Vorgaben könnte damit **theoretisch zu einer Busse führen** (vgl. hinten § 9). Ob der EDÖB bei Nichtvoliegen dieser Dokumentationen tatsächlich eine Strafanzeige gegen Verantwotliche und ihre Auftragsverarbeiter einreicht, wird sich nach Inkrafttreten der DSV zeigen.

Gemäss der DSV bestehe ein solches Risiko, wenn **besonders schützenswerte** 318
Personendaten wie Gesundheitsdaten oder biometrische Daten **in grossem
Umfang** automatisiert verarbeitet werden oder ein **Profiling mit hohem Risiko**
durchgeführt wird (Art. 4 und 5 DSV). Ab wann ein «grosser Umfang» vorliegt, ist noch ungewiss und wird sich bei der Umsetzung der DSV durch den
EDÖB und die Gerichte zeigen.

Damit müssen etwa **Auftragsverarbeiter von Gesundheitseinrichtungen** und 319
Laboren, religiösen Institutionen, Einrichtungen mit biometrischen Zugangssystemen, Gewerkschaften, Kranken(taggeld)versicherungen, Pensionskassen und
weitere Sozialversicherungen die Verarbeitung **protokollieren** und ein **Bearbeitungsreglement** führen.

Notariate und Anwaltskanzleien müssen sich die Frage stellen, ob sie **tat-** 320
sächlich in grossem Umfang besonders schützenswerte Personendaten bearbeiten (bspw. Gesundheitsdaten, Daten über verwaltungs- und strafrechtliche
Verfolgungen oder Sanktionen, oder Daten über Massnahmen der sozialen
Hilfe). Ist dies der Fall, unterliegen Sie selbst sowie ihre Auftragsverarbeiter
der Protokollierungs- und Reglementsführungspflicht.

Mehr zum Inhalt und konkreten Umsetzung der Protkollerung und des Bear- 321
beitungsreglments finden Sie im Kapitel 8, Abschnitt 3. im Unterkapitel IV.

5. Führung eines Verzeichnisses über die Verarbeitungstätigkeit

Wie der Verantwortliche, hat auch der Auftragsverarbeiter die Pflicht 322
zur Führung eines Verarbeitungsverzeichnisses über die Tätigkeiten der Datenverarbeitung. Dieses Verzeichnis ist schriftlich zu führen und muss mindestens die folgenden Inhalte aufweisen (gilt auch unter dem revDSG):
– Name und die Kontaktdaten des Auftragsverarbeiters und des Verantwortlichen, in dessen Auftrag der Auftragsverarbeiter tätig ist. Soweit vorhanden sind auch die Kontaktdaten eines Vertreters und des Datenschutzbeauftragten anzugeben.
– Kategorien der Verarbeitungen, die im Auftrag des Verantwortlichen ausgeführt werden.
– Angaben zur allfälligen Übermittlung von Personendaten an ein Drittland oder eine internationale Organisation.
– Allgemeine Beschreibung der technischen und organisatorischen Massnahmen zum Schutz der Daten.

Die Pflicht zur Führung eines Verarbeitungsverzeichnisses besteht nur für 323
Unternehmen, die regelmässig mehr als 250 Mitarbeiter beschäftigen. Für kleinere Unternehmen besteht die Pflicht nur, sofern die von ihnen vorgenomme-

ne Verarbeitung ein **Risiko für die Rechte und Freiheiten der betroffenen Personen birgt** (Art. 30 Abs. 5 DSGVO und Art. 12 Abs. 5 revDSG). Die DSV geht in Art. 24 von denselben Voraussetzungen einer risikoreichen Bearbeitung aus wie bei der Protokollierung und dem Bearbeitungsreglement (vgl. vorne III., 4.).

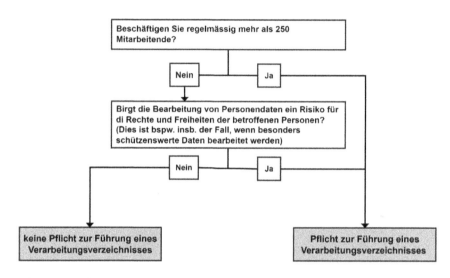

Abbildung 3 – Führung eines Verarbeitungsverzeichnisses

6. Transparenz beim Beizug von Sub-Auftragsverarbeitern

324 Zieht der Auftragsverarbeiter bei seiner Verarbeitungstätigkeit Sub-Auftragsverarbeiter bei, muss er dies vorgängig vom Verantwortlichen genehmigen lassen.

325 Die Genehmigung des Verantwortlichen kann im Einzelfall oder gobal erteilt werden (Art. 7 DSV).

326 Bei einer Globalgenehmigung informiert der Auftragsbearbeiter den Verantwortlichen anschliessend über jede beabsichtigte Änderung. Dies betrifft sowohl die Hinzuziehung der Sub-Auftragsverarbeitung als auch den Wechsel von Sub-Auftragsverarbeitern. Der Verantwortliche kann einer beabsichtigten Änderung widersprechen.

7. Verpflichtung zur Vertreterbestellung (DSGVO)

Hat der Auftragsverarbeiter seinen Sitz ausserhalb der Europäischen Union, so muss er einen Vertreter innerhalb der Europäischen Union bestellen. Dieser Vertreter ist im Namen des Auftragsverarbeiters tätig und dient den Aufsichtsbehörden als Anlaufstelle.   327

Diese Vorschrift gilt grundsätzlich auch für den Auftragsverarbeiter in der Schweiz, sofern die DSGVO auf ihn Anwendung findet und er nicht nur gelegentlich Waren und Dienstleistungen im EU-Raum bzw. in Norwegen, Liechtenstein oder Island anbietet (vgl. § 1, IV.).   328

Sollten Sie der Ansicht sein, dass Ihre Unternehmung zwingend einen Vertreter in der Europäischen Union bestellen muss, lassen Sie dies vorab von einem Experten prüfen.   329

§ 5. Datenexport ins Ausland

I. Warum ist das Thema «Datenexport ins Ausland» für meine Unternehmung relevant?

Beispiel:

330 | Das Treuhandunternehmen von Frau Fuchs (Treuhand AG) benutzt die Software DropBox, um mit Kundinnen und Partnerinnen Dokumente auszutauschen.

Lösung:

331 | DropBox ist eine Unternehmung mit Sitz in den USA. Auch die Server, auf denen die Daten gespeichert werden, befinden sich in den USA. Die Treuhand AG übermittelt daher laufend Daten in die USA, wenn sie ihre Dateien auf DropBox speichert. Damit liegt ein «Datenexport ins Ausland» vor. Das Datenschutzrecht gibt unterschiedliche Bestimmungen vor, die zu beachten sind. Nicht jede Übermittlung von Daten ins Ausland ist zulässig.

Ab wann werden Daten exportiert?

332 Der Begriff des Datenexportes ist sehr weit zu verstehen. Darunter fällt jede Verarbeitung von Personendaten im Zusammenhang mit dem Ausland. Die DSGVO spricht in diesem Zusammenahng von der «**Übermittlung**», das re-vDSG von der «**Bekanntgabe**». Nachfolgend wird der Einheitlichkeit halber der Begriff «**übermitteln**» verwendet.

333 Beispiele sind:
- Der Versand von Personendaten per E-Mail, wenn die Server der Empfängerin im Ausland liegen (bspw. bei der Verwendung von Office365).
- Speichern von Dateien auf DropBox, Tresorit oder ähnlichen Dienstleistern, die Server im Ausland betreiben.
- Weiterleitung von Personendaten innerhalb eines Konzerns, mit internationalen Standorten.

II. Wann ist die Übermittlung von Daten ins Ausland gestattet?

Damit eine Übermittlung ins Ausland zulässig ist, muss eine der folgenden Voraussetzungen erfüllt sein:
- Es liegt ein **Angemessenheitsbeschluss** der Europäischen Kommission bzw. des Bundesrats vor.
- Es liegen sog. «**geeignete Garantien**» vor. Es liegt eine «qualifizierte Einwilligung» der betroffenen Person vor.

Die DSGVO und das revDSG nennen **weitere Voraussetzungen**, bei deren Vorliegen eine Datenübermittlung ins Ausland zulässig ist (vgl. Art. 49 DSGVO und Art. 17 revDSG). Deren praktische Bedeutung ist allerdings vernachlässigbar, weshalb nachfolgend nicht näher darauf eingegangen wird.

§ 5 Datenexport ins Ausland

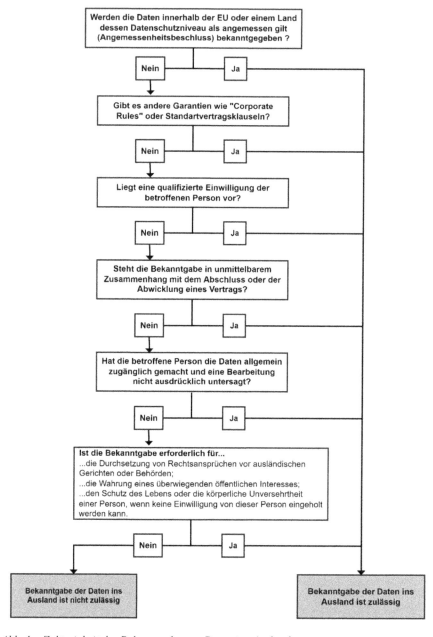

Abb. 1 – Zulässigkeit der Bekanntgabe von Daten ins Ausland

III. Wann liegt eine qualifizierte Einwilligung vor?

Die betroffene Person muss nur dann einwilligen, wenn die Personendaten in ein Land übermittelt werden, das **kein gleichwertiges Datenschutzniveau** hat (Angemessenheitsbeschluss), keine anderen Garantien für den Schutz der Daten vorhanden sind und auch sonst kein Ausnahmetatbestand erfüllt ist.

336

In diesem Fall spricht man von der sog. **qualifizierten Einwilligung** der betroffenen Person. Die betroffene Person muss darüber informiert werden, dass die Daten in ein Land übermittelt werden und dass die Daten dadurch nicht mehr geschützt werden können. Die betroffene Person muss hierzu explizit zustimmen. Liegt die qualifizierte Einwilligung vor, so ist der Datenexport zulässig.

337

IV. Was ist ein «Angemessenheitsbeschluss»?

Die Europäische Kommission prüft das Datenschutzniveau von Ländern, die nicht Mitglied der EU sind. Neben den EU-Staaten wird von der Europäischen Kommission auch das Datenschutzniveau von Island, Liechtenstein und Norwegen – allesamt dem EWR angehörig – als angemessen angesehen. Kommt sie bei der Überprüfung der restlichen Länder zur Ansicht, dass dieses Land ein ähnliches Datenschutzniveau wie die EU hat, erlässt die Komission einen Beschluss (den sog. Angemessenheitsbeschluss).

338

In Ländern, dessen Datenschutzniveau als angemessen anerkennt ist, dürfen Personendaten exportiert werden. Aktuell sind dies die Länder: Andorra, Argentinien, Kanada, Färöer, Guernsey, Israel, Isle of Man, Japan, Jersey, Neuseeland, Republik Korea, **Schweiz**, Vereinigtes Königreich und Uruguay.

339

Die Liste der Europäischen Kommission kann unter folgendem Link aufgerufen werden: https://ec.europa.eu/info/law/law-topic/data-protection/data-transfers-outside-eu/adequacy-protection-personal-data-non-eu-countries_de.

340

Die Schweiz führt als Nicht-Mitglied der EU zurzeit noch eine eigene Staatenliste, deren Gesetzgebungen einen angemessenen Datenschutz gewährleisten. In der Regel orientiert sich diese Liste nach den Angemessenheitsentscheiden der Europäischen Kommission.

341

Die aktuellste Staatenliste der Schweiz kann unter folgendem Link aufgerufen werden: https://www.edoeb.admin.ch/edoeb/de/home/datenschutz/handel-und-wirtschaft/uebermittlung-ins-ausland.html.

342

343 *Das revDSG überträgt neu dem Bundesrat die Kompetenz, die Angemessenheit des Datenschutzniveaus anderer Länder zu beurteilen (vgl. Art. 16 Abs. 1 revDSG). Die Liste wird in Anhang I der DSV enthalten sein. Sie geht Stand heute nicht weiter als die Angemessenheitsliste der Europäischen Kommission.*

1. Was ist unter «anderen geeigneten Garantien» zu verstehen?

344 Die Datenschutzgesetze zahlreicher Länder werden von der Europäischen Kommission bzw. vom Bundesrat als nicht angemessen angesehen. Für diese Länder gibt es daher keine Angemessenheitsbeschlüsse.

345 Wenn dennoch Personendaten in ein Land exportiert werden sollen, die über keinen Angemessenheitsbeschluss verfügen, so müssen die Rechte der betroffenen Personen mit anderen Massnahmen (andere **geeignete Garantien**) gewährleistet werden.

346 Für Konzerne gibt es die Möglichkeit «verbindliche interne Datenschutzvorschriften» (sog. **Binding Corporate Rules**, kurz: «**BCR**») zu erlassen. Diese Bestimmungen geben für Konzerne verblindlich vor, welche Schutzmassnahmen einzuhalten sind, wenn Daten international übermittelt werden.

347 In der Schweiz müssen die BCR vor ihrem Einsatz **vom EDÖB** genehmigt werden. Zuständig für die Genehmigung der BCR unter der DSGVO ist die «**federführende**» **Aufsichtsbehörde** (vgl. hinten § 9). Die Genemigung erfolgt im Rahmen des **Kohärenzverfahrens**. Das bedeutet, dass die anderen Aufsichtsbehörden ihre Standpunkte vor der Genehmigung einbringen dürfen (vgl. Art. 63 ff. DSGVO). Aufgrund des langwierigen Genehmigungsverfahrens und des Aufwands für die Erstellung von BCR eignet sich dieses Tool vor allem für **grössere, international agierende Konzerne**.

348 Einfacher zu verwenden sind die **Standardvertragsklauseln** der EU-Kommission. Dabei handelt es sich um allgemeine Vertragsklauseln, die zwischen der Unternehmung, welche die Daten exportiert und jener, welche die Daten entgegennimmt, vereinbart werden.

349 *Wenn Ihre Unternehmung Daten ins Ausland übermittelt, das nicht als angemessen qualifiziert ist, sollten Sie die Rechtmässigkeit der Datenübermittlung von einer Expertin prüfen lassen.*

2. Ist die Bekanntgabe von Daten in die USA probemlos?

a) Ausgangslage

Die Datenübermittlung in die USA gehört für jedes Unternehmen der Schweiz zum operativen Alltag. Die meisten Unternehmen haben bspw. auf ihren Webseiten Analyseprogramme installiert (Google Analytics etc.), die, sofern keine vorgängige Anonymisierung erfolgt, Personendaten in die USA übermitteln. Oft geschieht dies ohne das Wissen der Betreiberin der Webseiten. 350

Aktuell besteht oftmals Rechtsunsicherheit, ob die Übermittlung von Personendaten in die USA zulässig ist oder nicht. Das bereitet Schwierigkeiten: Es ist kaum möglich, die Übermittlung von Daten in die USA gänzlich einzustellen, ohne auf die entsprechenden Dienstleistungen verzichten zu müssen. 351

Im Jahre 2016 kam zwischen der EU und den USA das **EU-US-Datenschutzschild (EU-US Privacy Shield)** zustande. Das Abkommen regelte den Schutz von Personendaten, welche aus der EU in die USA übermittelt werden. Im Rahmen des Abkommens anerkannte die EU das Datenschutzniveu der USA als angemessen (Angemessenheitsbeschluss). Allerdings galt dies nicht für alle Unternehmen mit Sitz in den USA. Die Unternehmen mit Sitz in den USA mussten sich dem EU-US-Datenschutzschild unterstellen. Damit verpflichteten sich die Unternehmen zur Einhaltung der Bestimmungen gemäss dem Abkommen. Die Schweiz hat das Privacy Shield Abkommen mit den USA im Jahre 2017 abgeschlossen. 352

Der Europäische Gerichtshof hat am 16. Juli 2020 im Urteil C-311/18 – bekannt als «**Schrems-II-Urteil**» – entschieden, dass das Privacy Shield Abkommen zwischen der EU und den USA für den Anwendungsbereich der DSGVO nichtig ist. 353

Der EDÖB hat im selben Jahr das Swiss-US Privacy Shield Abkommen als **nicht mehr ausreichend** erklärt. Der EDÖB hat stattdessen den Einsatz von **geeigneten Garantien** oder die Umsetzung von **technischen Massnahmen** empfohlen (bspw. die vorgängige Verschlüsselung von Personendaten für die Übermittlung in die USA). 354

b) Welche rechtlichen Folgen hat die Ungültigkeitserklärung des Privacy Shields?

Aus der Ungültigkeitserklärung des Privacy Shields folgt, dass die Datenübermittlung in die USA gestützt auf die Privacy Shield Zertifizierung nicht mehr möglich ist. Die Datenübermittlungen an US-Anbieterinnen wie Google, Facebook, Microsoft etc. sind ohne weitere Massnahmen nicht mehr 355

§ 5 Datenexport ins Ausland

zulässig. Die einfachste Lösung für eine zulässige Datenübermittlung ist, wenn die Datenexporteurin sog. Standardvertragsklauseln mit der Datenimporteurin in den USA abschliesst.

356 Die bisherigen Standardvertragsklauseln, die gemäss Beschluss der Europäischen Kommission vom 5. Februar 2010 erlassen wurden und für die Datenübermittlungen verwendet werden konnten, hat der Europäische Gerichtshof als nicht mehr ausreichend eingestuft. Die Europäische Kommission hat folgedessen am 4. Juni 2021 neue Standardvertragsklauseln mit weitergehenden Pflichten erlassen, die von den Vertragsparteien verwendet werden können. Der EDÖB hat die neuen Standardvertragsklauseln der EU für die Schweiz ebenfalls anerkannt.

357 Die neuen Standardvertragsklauseln können unter folgendem Link aufgerufen werden:

https://eur-lex.europa.eu/eli/dec_impl/2021/914/oj?uri=CELEX%3A32021D0914&locale=en

c) *Was beinhalten die Standardvertragsklauseln?*

358 Die neuen Standardvertragsklauseln der Europäischen Kommission müssen zwischen der Datenexporteurin und der Datenimporteurin, welche sich in einem Drittland ohne angemessenes Datenschutzniveau befindet, abgeschlossen werden. Bei der Datenexporteurin kann es sich sowohl um die Verantwortliche wie auch um die Auftragsverarbeiterin handeln. Die Standardvertragsklauseln beinhalten standardisierte Vertragsbestandteile, die eine sichere Datenübermittlung ins Drittland gewährleisten und mit der DSGVO bzw. dem revDSG übereinstimmen.

359 Bei der Ausgestaltung der Standardvertragsklauseln muss unterschieden werden, ob es sich bei der Datenexporteurin und der Datenimporteurin um eine Verantwortliche oder eine Auftragsverarbeiterin handelt. Je nach Konstellation müssen unterschiedliche Vertragsbestandteile (**Module**) ausgewählt werden. Die einzelnen standartisierten Vertragsbestandteile regeln im wesentlichen die Rechte und Pflichten der Datenexporteurin und der Datenimporteurin, wie auch die Rechte der betroffenen Personen.

360 Der wichtigste Unterschied von den vorherigen Standardvertragsklauseln zu den neuen Standardvertragsklauseln ist die Übertragungs-Folgenabschätzung (das sog. **Transfer Impact Assessment**), die von den Parteien vor der Unterzeichnung der neuen Standardvertragsklauseln vorgenommen werden muss.

d)   Was ist das Transfer Impact Assessment?

Die neuen Standardvertragsklauseln verpflichten die Datenexporteurin abzuklären, ob die Personendaten im Empfängerland irgendwelchen Risiken durch die lokalen Behörden ausgesetzt sind. Solche Risiken können bspw. Zugriffe auf gewisse Kommunikationsdaten, ohne einen konkreten Gerichtsbeschluss, durch die lokalen Behörden sein.

Die Analyse der lokalen Rechtslage wird im Rahmen eines Transfer Impact Assessments vorgenommen. Resultiert beim Transfer Impact Assessment eine erhöhte Wahrscheinlichkeit eines Behördenzugriffs, muss abgeklärt werden, ob zusätzliche technische und organisatorische Massnahmen (bspw. Double key encryption oder Schlüsselverwaltung durch das Schweizerische Unternehmen) das Risiko von Behördenzugriffen im Drittland minimieren können. Besteht trotz zusätzlichen Massnahmen bei der Datenübermittlung ein triftiger Grund zur Annahme eines Behördenzugriffs, so ist der Datentransfer trotz Verwenden von Standvertragsklauseln unzulässig.

Ein Muster-TIA finden Sie unter diesem Link:

https://iapp.org/resources/article/transfer-impact-assessment-templates/

e)   Wer muss das Transfer Impact Assessment erstellen?

Das Transfer Impact Assessment muss jeweils von der direkten Exporteurin erstellt werden. Unter Umständen kann es vorkommen, dass die Datenexporteurin nicht die Verantwortliche ist, sondern die Auftragsverarbeiterin.

Dies ist jeweils der Fall, wenn die Verantwortliche Dienstleistungen eines US-Unternehmens beansprucht, welches eine Tochtergesellschaft in einem Land mit einem angemessenen Datenschutzniveau hat. Die Personendaten werden in diesem Fall vom Schweizerischen Unternehmen an die Tochtergesellschaft übermittelt. Eine Weitergabe der Personendaten von der Tochtergesellschaft zur Muttergesellschaft bleibt allerdings nicht ausgeschlossen. Dies kann bspw. geschehen, wenn die Muttergesellschaft von den US-Behörden zur Herausgabe gewisser Personendaten verpflichtet wird, die auf den Servern der Tochtergesellschaft gespeichert sind. In den USA wurde ein Gesetz erlassen, das dies möglich macht, der «**CLOUD-Act**» (sog. Clarifying Lawful Overseas Use of Data Act).

Daraus folgt, dass **die Tochtergesellschaft als Auftragsverarbeiterin mit der Muttergesellschaft als Unterauftragsverarbeiterin die Standardvertragsklauseln abschliessen** muss, weil die Daten in ein Drittland ohne angemessenes Datenschutzniveau exportiert werden könnten. Dementsprechend ist die Tochtergesellschaft als Datenexporteurin verpflichtet, das Transfer

Impact Assessment zu erstellen. Die Muttergesellschaft als Datenimporteurin ist verpflichet, der Datenexporteurin bei der Erstellung des Transfer Impact Assessment bestmöglich zu unterstützen.

367 Die Verantwortliche muss in dieser Dreiecksbeziehung lediglich mit der Tochtergesellschaft in Europa einen Auftragsverarbeitungsvertrag abschliessen. Allerdings ist die Verantwortliche verpflichtet, die Datensicherheit zu gewährleisten. Aufgrund der Möglichkeit von Datenzugriffen ausländischer Behörden besteht ein Datensicherheitsrisiko. Daraus folgt, dass der **Verantwortlichen verpflichtet ist, das Transfer Impact Assessment zu überprüfen** und diese Überprüfung periodisch wiederholen.

Beispiel:

368 Das Schweizerische Treuhandunternehmen (Treuhand AG) beansprucht Google Cloud Dienstleistungen. Die Google Inc. mit Sitz in den USA hat eine Tochtergesellschaft in Europa («Google Europa»). Bei der Datenübertragung werden die Personendaten anschliessend von der Treuhand AG (Verantwortliche) zu der Google Europa (Auftragsverarbeiterin) übermittelt.

Lösung:

369 Der Abschluss von Standardvertragsklauseln ist bei einer Datenübertragung zwischen der Treuhand AG und einer Unternehmung in einem Land innerhalb des EWR nicht notwendig, da beide Länder über ein anerkanntes, angemessenes Datenschutzniveau verfügen. Nichtsdestotrotz ist eine Weitergabe der Personendaten von der Google Europa an die Google Inc. nicht ausgeschlossen. In diesem Fall werden Personendaten in ein Drittland ohne angemessenes Datenschutzniveau übermittelt, weshalb die Google Europa (Auftragsverarbeiterin) mit der Google Inc. (Unterauftragsverarbeiterin) Standardvertragsklauseln abschliessen muss. Die Google Europa ist dementsprechend verpflichtet mit der Unterstützung der Google Inc. das Transfer Impact Assessment zu erstellen. Die Treuhand AG muss das Transfer Impact Assement überprüfen und diese Überprüfung periodisch wiederholen.

V. Was sind die Sanktionen bei der Missachtung der Datenexportbestimmungen?

370 Die alten Standardvertragsklauseln, die gemäss Beschluss der Europäischen Kommission vom 5. Februar 2010 erlassen wurden, können noch während **der Übergangsfrist bis zum 31. Dezember 2022** verwendet werden. Im Anschluss müssen die neuen Standardvertragsklauseln eignesetzt werden, damit die Datenübermittlung gestützt auf die geeigneten Garantien zulässig ist.

Im revDSG wird eine Verletzung der Datenexportbestimmungen mit einer Busse bis zu **CHF 250'000** sanktioniert (vgl. hinten § 9). Die Sanktionen können sowohl die Verantwortlichen wie auch die Auftragsverarbeiterin treffen.

371

§ 6. Informationspflicht des Verantwortlichen

I. Welche Informationspflichten bestehen für den Verantwortlichen?

Beispiel:

372 | Die Versand AG mit Sitz in der Schweiz betreibt einen Webshop und beliefert Kunden in ganz Europa. Auf ihrer Webseite können die Kunden der Versand AG Produkte direkt bestellen, Fragen über ein Kontaktformular stellen und sich für einen kostenlosen Newsletter anmelden. Auf der Webseite verwendet die Versand AG verschiedene Cookies und setzt Google Analytics ein.

Lösung:

373 | Die Versand AG muss eine Datenschutzerklärung erstellen, in der sie die Besucher der Webseite über die Datenverarbeitungsvorgänge informiert. Je nachdem, ob die DSGVO zur Anwendung kommt oder nur das revDSG sind die Informationspflichten umfassender oder weniger umfassend. Da vorliegend die DSGVO zur Anwendung kommen wird, muss die Versand AG die umfassendere Datenschutzerklärung erstellen. Darin sind insbesondere die Zwecke und Rechtsgrundlagen der Verarbeitung anzugeben sowie eine Auskunft über die Speicherdauer der Daten zu erteilen. Die Besucher müssen zudem auf ihre Rechte hingewiesen werden.

1. Hohe praktische Relevanz der Informationspflichten

374   Die Informationspflichten sind sowohl nach der DSGVO wie auch nach dem revDSG zentrale Pflichten der datenschutzrechtlichen Compliance und treffen praktisch sämtliche Unternehmen, welche Personendatenverarbeiten. Als Unternehmen ist man daher früher oder später damit beschäftigt eine Datenschutzerklärung zu erstellen, welche die Betroffenen über die verarbeiteten Personendaten informiert. Dabei gibt es eine Vielzahl an Vorlagen, oft ist aber den betroffenen Unternehmen nicht klar, was alles in die Datenschutzerklärung rein muss. Nachfolgend werden die massgebenden Voraussetzungen sowohl nach DSGVO als auch nach revDSG erläutert. Im Gegensatz zur Vorauflage dieses Buches, wird auf die Nennung konkreter Textbausteine verzichtet. Einerseits finden sich genügend solcher Vorlagen im Internet und andererseits müssen gerade bei komplexeren Datenverarbeitungen jeweils entsprechende Anpassungen durch Datenschutzexperten vorgenommen werden. Die Verletzung der Informationspflichten können die Unternehmen teuer zu stehen kommen.

Unter der DSGVO wurden bereits zahlreiche hohe Bussen ausgesprochen (vgl. § 9). Unter dem revDSG ist die Verletzung der Informationspflicht strafbewährt (Art. 60 Abs. 1 lit. a). 375

2. Sinn und Zweck der Informationspflicht

Ziel der Informationspflichten ist die Schaffung von mehr Transparenz, was sowohl nach der DSGVO als auch nach dem revDSG ein zentraler Grundsatz ist. Den Betroffenen soll so die Möglichkeit gegeben werden, die Datenverarbeitung nachzuvollziehen und ihre Rechte wahrzunehmen. Ob dieses Ziel durch die Flut von zum Teil sehr umfangreichen Datenschutzerklärungen tatsächlich erreicht wird und die Betroffenen damit besser informiert sind, kann dahingestellt bleiben. 376

3. Die verschiedenen Informationspflichten

Der Verantwortliche hat verschiedene Informationspflichten. Einerseits muss er direkt **bei der Erhebung der Daten** aktiv werden und die betroffene Person informieren. Ist es zu einer **Datenschutzverletzung** gekommen bspw. indem Personendaten gehackt und an Unberechtigte gelangt sind, muss der Verantwortliche unter Umständen die **Aufsichtsbehörde** und den **Betroffenen** selber informieren. In diesem zweiten Fall werden in der DSGVO die Begriffe Melde- und Benachrichtigungspflichten verwenden währenddem das revDSG von melden oder informieren spricht. In diesem Kapitel sind diese Begriffe als Synonyme zu verstehen. 377

§ 6 Informationspflicht des Verantwortlichen

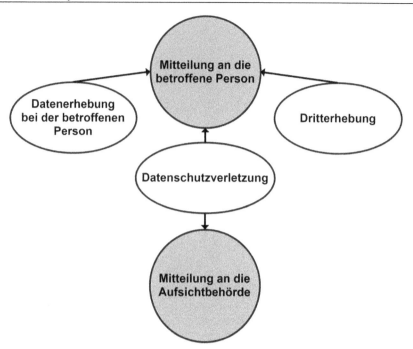

Abb. 1 – Informationspflichten allgemein

378 Spezifische Informationspflichten bestehen zudem nach der DSGVO, wenn die Daten aufgrund der Rechtsgrundlage zur **Wahrnehmung** eines **öffentlichen Interessens** oder den **berechtigten Interessen** des Verantwortlichen erfolgt sowie bei **Direktwerbung**.

379 Bei den Informationspflichten bei der Datenerhebung wird unterschieden, ob die Daten **direkt beim Betroffenen** oder bei **einem Dritten** erhoben werden. Je nach dem unterscheiden sich die Informationen, die den Betroffenen zur Verfügung gestellt werden müssen.

§ 6 Informationspflicht des Verantwortlichen

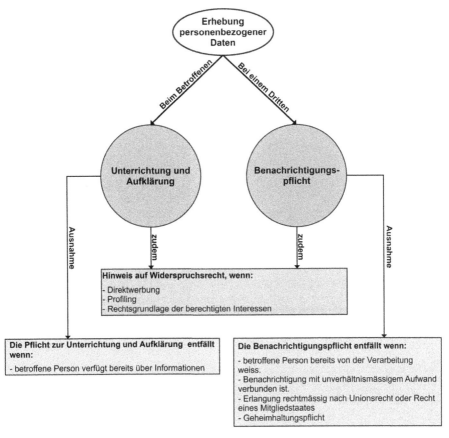

Abb. 2 – Informationspflichten nach Art der Erhebung

II. Welches sind die einzelnen Informationspflichten, wenn die Daten beim Betroffenen erhoben werden?

Die DSGVO enthält in Art. 13 spezifische Regelungen, für die Informationspflicht, wenn die personenbezogenen Daten bei der betroffenen Person direkt erhoben werden. Im revDSG sind die entsprechenden Pflichten in Art. 19 geregelt.

380

1. Form der Mitteilung

381   Nach Art. 12 DSGVO muss der Verantwortliche Massnahmen treffen, um der betroffenen Person alle Informationen **in präziser, transparenter, verständlicher und leicht zugänglicher Form** zu übermitteln. Die Mitteilung hat zudem **in einfacher und leicht zugänglicher Sprache** zu erfolgen. Zu achten ist insbesondere auf klare und adressatengerechte Formulierung des Textes. Auf unnötige Informationen, insbesondere auf blosses Abschreiben des Gesetzestextes, ist zu verzichten. Eine sinnvolle und übersichtliche Gliederung fördert zudem das Verständnis der Betroffenen. Möglich und hilfreich ist auch die graphische Ergänzung des Textes.

382   In Frage kommt sowohl die **schriftliche** als auch die Mitteilung in **anderer Form**, insbesondere elektronisch. Eine mündliche Information ist nur zulässig, wenn der Betroffene dies verlangt und seine Identität in anderer Form nachgewiesen wird. Denkbar ist somit eine Mitteilung in Textform, E-Mail, SMS, WhatsApp etc.

383   Grundsätzlich sind die Betroffenen **persönlich zu informieren**, bspw. durch einen Anhang zu dem der Datenverarbeitung zugrunde liegenden Vertrag. Betrifft die Datenverarbeitung eine **Vielzahl von Betroffenen**, wie bspw. die Datenverarbeitung im Zusammenhang mit einer Webseite, so kann die Informationspflicht auch mit einer Datenschutzerklärung auf der Webseite selber erfüllt werden. In diesem Fall muss die Datenschutzerklärung auf der Webseite so aufgeschaltet werden, dass sie von der Start- und allen Unterseiten aufgerufen werden kann (bspw. im Footer der Webseite).

384   Nach Art. 19 revDSG gibt es keine Formvorschriften. Die Informationspflicht kann in den allermeisten Fällen durch eine Datenschutzerklärung erfüllt werden. Dabei wird es nach dem revDSG in aller Regel genügen, wenn die betroffene Person darüber informiert wird, wo sie die Datenschutzerklärung findet (bspw. mittels Link auf Webseite). Daher ist es auch ausreichend, wenn in Vertragsunterlagen oder AGB auf die Datenschutzerklärung auf der Webseite mittels Link verwiesen wird, selbst wenn dies zu einem Medienbruch führt.

385   *Prüfen Sie, welche Form der Mitteilung für die konkrete Datenverarbeitung angemessen ist, insbesondere auch aufgrund des anwendbaren Gesetzes. Basiert die Datenverarbeitung auf einem schriftlichen Vertrag mit den Betroffenen der Datenverarbeitung und ist die DSGVO anwendbar, so sollte die Information als Anhang zum Vertrag gemacht werden. Ist lediglich das revDSG anwendbar genügt auch in diesem Fall der Verweis auf die Datenschutzerklärung der Webseite. Erfolgt die Verarbeitung im Zusammenhang mit einer Webseite (Webshop oder sonstige Internetseite), reicht eine Datenschutzerklärung im Normalfall auch unter der DSGVO aus. Verzichten Sie darauf eine Einwilligung für die Datenschutzerklärung einzuholen. Die Da-*

tenschutzerklärung dient lediglich der Information und nicht dazu Einwilligungen einzuholen. Dies muss an anderer Stelle erfolgen (vgl. hinten § 3).

2. Zeitpunkt der Mitteilung

Es besteht keine Pflicht, die Mitteilung über die Datenverarbeitung vor der Verarbeitung derselben vorzunehmen (anders als bei einer Einwilligung). Es genügt, wenn die Betroffenen **zum Zeitpunkt der Inanspruchnahme der Leistung** die Möglichkeit haben, auf die Information zuzugreifen. Bei einer Webseite genügt es somit, wenn die Betroffenen mit Aufruf der Seite die Datenschutzerklärung anklicken können. Das revDSG knüpft in Art. 19 die Informationspflicht an das Beschaffen der Personendaten. Es ist daher nicht notwendig, dass bestehende Kunden bei Inkrafttreten des revDSG über bereits laufende Datenbearbeitungen informiert werden. Die Information muss nur bei der Neubeschaffung erfolgen.

3. Inhalt der Informationspflichten

Nachfolgend werden in einem ersten Schritt die Pflichten nach DSG-VO und in einem zweiten Schritt die Pflichten nach dem revDSG abgehandelt.

Art. 13 DSGVO hält fest, welche Informationen den Betroffenen vom Verantwortlichen zur Verfügung gestellt werden müssen, wenn die Daten direkt bei den Betroffenen erhoben werden. Darunter fallen folgende Angaben:
- Der **Name** und die **Kontaktdaten** des **Verantwortlichen** sowie gegebenenfalls seines **Vertreters**.
- Die Kontaktdaten des **Datenschutzbeauftragten**, falls ein solcher bestellt wurde.
- Die **Zwecke**, für welche die personenbezogenen Daten erhoben werden sollen. Dabei muss konkret aufgezeigt werden, wofür die Daten verwendet werden. Zudem muss die Rechtsgrundlage für die Verarbeitung angegeben werden. Dies ist einer der zentralen Aspekte jeder Datenschutzerklärung.
Der Zweck muss gemäss den allgemeinen Grundsätzen der Verordnung festgelegt, eindeutig und legitim sein. Zu achten ist vor allem darauf, dass der Zweck nicht zu eng aber auch nicht zu weit gefasst wird. Problematisch ist dabei insbesondere ein zu allgemeiner Zweck wie «Marketingzwecke», «IT-Sicherheit» etc.
Vor dem Erstellen der Datenschutzerklärung ist genau abzuklären, zu welchem Zweck die Daten verarbeitet werden sollen. Dies insbesondere deshalb, weil eine spätere Zweckänderung oder Zweckerweiterung nur

unter erschwerten Umständen zulässig ist. Der Zweck oder, falls zutreffend, die Zwecke sollten daher nach Möglichkeit **von Anfang an genau festgelegt werden** (zur Zweckänderung, vgl. vorne § 3, III.).
Für jede beabsichtigte Art der Datenverarbeitung muss ausserdem abgeklärt werden, ob dafür eine **Rechtsgrundlage** besteht. Diese muss in der Datenschutzerklärung erwähnt werden. Die Rechtsgrundlagen ergeben sich aus den **Erlaubnistatbeständen** von Art. 6 Abs. 1 DSGVO (vgl. vorne § 3). Es ist möglich, dass für einen Verarbeitungsvorgang mehrere Rechtsgrundlagen angegeben werden können.

- Stützt sich eine Datenverarbeitung auf die Rechtsgrundlage der berechtigten Interessen nach Art. 6 Abs. 1 lit. f DSGVO, müssen die **berechtigten Interessen** die vom Verantwortlichen oder einem Dritten verfolgt werden aufgeführt sein. Zu achten ist dabei darauf, dass die berechtigten Interessen **rechtmässig, hinreichend bestimmt und tatsächlich wahrgenommen** werden müssen (für Einzelheiten zu den berechtigten Interessen, vgl. vorne § 3 II., 6.). Für die Datenschutzerklärung genügt eine Aufzählung dieser Interessen beim entsprechenden Verarbeitungsvorgang. Es wird keine Mitteilung verlangt, warum diese Interessen berechtigt sind.

- Falls die personenbezogenen Daten weitergegeben werden, müssen die **Empfänger oder die Kategorien von Empfängern** genannt werden. Als Empfänger gilt jede Person die nicht zur Organisation des Verantwortlichen gehört. Dazu zählen auch die Auftragsverarbeiter.

- Werden die Daten **in ein Drittland oder an eine internationale Organisation übermittelt**, muss dies ebenfalls in der Datenschutzerklärung offengelegt werden. In diesem Fall muss zudem auf den **Angemessenheitsentschluss der Kommission** oder falls dieser fehlt auf die **angemessenen Garantien** verwiesen werden. Bei der Abstützung auf die angemessenen Garantien, müssen die Betroffenen zudem informiert werden, wo sie eine Kopie dieser erhalten oder wo diese verfügbar sind (zu den Voraussetzungen der Datenübertragung in ein Drittland und zum Angemessenheitsentschluss, vgl. vorne § 5).

389 Zusätzlich zu diesen Angaben müssen diejenigen Informationen zur Verfügung gestellt werden, welche notwendig sind, um eine **faire und transparente Verarbeitung** zu gewährleisten.

390 *Die Verordnung gibt nicht vor, in welcher Form die nachfolgenden Punkte den Betroffenen zur Verfügung gestellt werden müssen. In der Praxis hat es sich aber durchgesetzt, über diese in derselben Form, wie über die vorangehenden Punkte zu informieren. Dies geschieht üblicherweise in der Datenschutzerklärung.*

Über folgende Punkte ist zu informieren: 391
- Die **Dauer** für welche die personenbezogenen Daten gespeichert werden. Falls dies nicht möglich ist, sind die **Kriterien für die Festlegung der Dauer** zu erwähnen. Im Hinblick auf den **Grundsatz der Speicherbegrenzung** muss hier für sämtliche Verarbeitungen von personenbezogenen Daten im Vornherein festgelegt werden, wie lange diese gespeichert werden sollen. In der Praxis ist eine genaue Angabe darüber wie lange gewisse Daten gespeichert werden oft schwierig. Meistens werden daher die Kriterien für die Bestimmung der Speicherdauer angegeben. Ob dabei allgemeine Formulierungen wie «die Daten werden gelöscht, sobald der Zweck zu dem sie erhoben wurden erfüllt ist» ausreichend ist, kann nur schwer abgeschätzt werden und muss von den Behörden und Gerichten noch entschieden werden. Je genauer die Kriterien sind, umso eher ist die DSGVO-Konformität gegeben.
- Die **Rechte der Betroffenen**. Dazu gehören das **Auskunftsrecht**, das Recht auf **Berichtigung**, das Recht auf **Löschung**, das Recht auf **Einschränkung der Verarbeitung**, das **Widerspruchsrecht** sowie das Recht auf **Datenübertragbarkeit** (zu diesen Rechten, vgl. hinten § 7). Üblicherweise wird auf diese Rechte am Ende der Datenschutzerklärung in der Form eines allgemeinen Passus hingewiesen. Auf das **Widerspruchsrecht** muss je nach Rechtsgrundlage für den Verarbeitungsvorgang separat hingewiesen werden. Dies ist insbesondere der Fall, wenn die Verarbeitung aufgrund der berechtigten Interessen des Verantwortlichen erfolgt. Bei Features wie Google Analytics oder Cookies muss jeweils direkt bei den Erklärungen zu den entsprechenden Datenverarbeitungsvorgängen auf die Widerrufsmöglichkeit durch Anklicken eines Links oder Anpassen der Einstellungen hingewiesen werden.
- Das Recht die **Einwilligung zu widerrufen**, sofern die Datenverarbeitung auf einer solchen beruht. Der Widerruf entfaltet in diesem Fall erst Wirkung ab dem Zeitpunkt des Widerrufs.
- Das **Beschwerderecht** bei der Aufsichtsbehörde (vgl. hinten § 9).
- Ist die Bereitstellung der personenbezogenen Daten **gesetzlich oder vertraglich vorgeschrieben** oder für einen **Vertragsschluss erforderlich**, muss darüber informiert werden, ob die betroffene Person verpflichtet ist die Daten bereitzustellen und welche **möglichen Folgen die Nichtbereitstellung** hätte.
- Wird eine **automatisierte Entscheidfindung** oder ein **Profiling** verwendet, so müssen **aussagekräftige Informationen** über **die involvierte Logik** sowie die Tragweite und die **angestrebten Auswirkungen** einer solchen Verarbeitung zur Verfügung gestellt werden (zur automatisierten Entscheidfindung und zum Profiling, vgl. § 3, VI.).

§ 6 Informationspflicht des Verantwortlichen

- **Informationen bei Weiterverarbeitung:** Bevor der Verantwortliche personenbezogenen Daten weiterverarbeiten will, hat er sämtliche Informationen über den oder die neuen Zwecke sowie die weiteren massgeblichen Informationen zur Verfügung zu stellen.

392 **Was beinhaltet die Informationspflicht?**

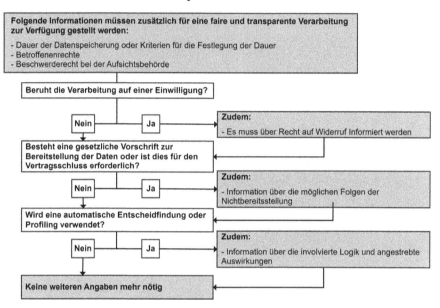

Abb. 3 – Inhalt der Informationspflicht

Worüber muss zusätzlich informiert werden?

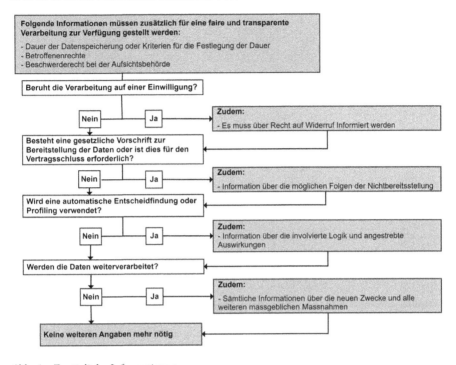

Abb. 4 – Zusätzliche Informationen

Das revDSG gibt in Art. 19 bezüglich des Inhaltes der Informationspflicht nur gewisse Mindestinformation vor und hält allgemein fest, dass diejenigen Informationen der betroffenen Person mitzuteilen sind, welche diese benötigt, um ihre Rechte nach dem Gesetz wahrzunehmen. Damit erlaubt das revDSG eine etwas flexiblere Information und es muss nicht über sämtliche Datenbearbeitungen im gleichen Umfang informiert werden. Je heikler die Bearbeitung, umso genauer und detaillierter sollt die Information erfolgen. In den meisten Fällen wird es aber ausreichen, die Mindestinformationen zur Verfügung zu stellen. Diese sind:

– Die **Identität** und die **Kontaktdaten** des Verantwortlichen. Falls ein Datenschutzberater nach Art. 10 revDSG eingesetzt wird, sind auch dessen Kontaktdaten zu nennen.
– Den **Bearbeitungszweck**. Im Gegensatz zur DSGVO wird für das revDSG davon ausgegangen, dass hier die Zwecke auch allgemein umschrieben werden können, wie bspw. «Marketing» oder «Qualitätssicherung». Auch hier sind die Zwecke sorgfältig zu wählen. Werden diese eng

- Gegebenenfalls die **Empfänger** oder die **Kategorien von Empfängern**, denen Personendaten bekanntgegeben werden. Hierzu gelten die gleichen Vorgaben wie unter der DSGVO.
- Bei **Bekanntgabe ins Ausland** Mitteilung des **Staates** oder das **internationale Organ** sowie die **Datenschutzgarantien** (bspw. Standarddatenschutzklauseln). Mit dieser Voraussetzung geht das revDSG weiter als die DSGVO. Eine Bekanntgabe ins Ausland liegt bspw. bereits vor, wenn ausländische Cloudlösungen verwendet werden oder Personen aus dem Ausland Zugriff auf die Daten haben. Es wird davon ausgegangen, dass Angaben wie «weltweit», «europaweit», «in jedes Land der Welt» oder ähnliche allgemeine Umschreibungen, genügen werden. In jedem Fall zu nennen sind die Garantien nach Art. 16 revDSG oder eine Ausnahme nach Art. 17 revDSG wenn die Daten in einen Staat ohne angemessenen Datenschutz bekanntgegeben werden (vgl. vorne § 5).

395 Weitergehende Informationen, wie Dauer der Bearbeitung, Rechtsgrundlage, Herkunft der Daten oder Rechte der betroffenen Person, braucht es unter dem revDSG nur, wenn dies die betroffene Person benötigt, um ihre Rechte nach dem Gesetz geltend zu machen. Dies dürfte vor allem in Fällen, in denen ein sehr hohes Risiko der Persönlichkeitsverletzung vorliegt, erforderlich sein. In den meisten dieser Fällen dürfte dabei aber die Informationen, welche unter der DSGVO erbracht werden, ausreichen.

396 *Sofern Sie bereits eine Datenschutzerklärung nach DSGVO erstellt haben, müssen Sie im Normalfall nur kleinere Anpassungen vornehmen, damit diese konform mit dem revDSG ist. Sie müssen insbesondere zusätzlich die Länder angeben, in welche die Daten bekanntgegeben werden und einen allfälligen Datenschutzberater nennen, falls Sie einen solchen eingesetzt haben.*

4. Ausnahme von der Informationspflicht

397 Die Informationspflicht entfällt nach DSGVO, soweit die betroffene Person bereits **über die zur Verfügung zu stellenden Informationen verfügt**. Dies kann der Fall sein, wenn die Betroffenen bereits früher informiert wurden. Die frühere Informationshandlung muss den aufgezeigten Voraussetzungen entsprechen. Der Nachweis, dass die betroffene Person bereits informiert wurde liegt beim Verantwortlichen.

398 *Verzichten Sie nur auf die Information der betroffenen Person, wenn der Nachweis der früheren Information erbracht werden kann.*

Nach dem revDSG kann die Information zudem noch in folgenden weiteren Fällen ausbleiben: 399
- Die Bearbeitung ist **gesetzlich vorgesehen**. Dies betrifft sämtliche Bearbeitungen, die aufgrund von gesetzlichen Pflichten notwendig sind. Darunter fällt bspw. die Buchführung oder die Führung eines Personaldossiers.
- Gesetzliche Verpflichtung zur Geheimhaltung. Dies betriff Berufsgeheimnisträger wie bspw. Anwälte oder Ärzte.
- Spezifische Fälle des Quellenschutzes für Medienschaffende. Das revDSG führt die Voraussetzungen in Art. 27 auf.

In gewissen Fällen gibt das revDSG dem Verantwortlichen zudem das Recht, die Information einzuschränken, aufzuschieben oder darauf zu verzichten. Dies ist in folgenden Konstellationen der Fall: 400
- **Überwiegende Interessen Dritter** erfordern die Massnahmen. Dies ist bspw. der Fall, wenn die Information Personendaten oder geheime Informationen Dritter beinhalten würde.
- Die Information **vereitelt den Zweck der Bearbeitung**. Dies kann bspw. bei internen Untersuchungen der Fall sein.
- Die **überwiegenden Interessen** des Verantwortlichen erfordern die Massnahme und der Verantwortliche gibt die Daten **nicht Dritten bekannt**. Zu den Dritten zählen in diesem Fall nicht gemeinsame Verantwortliche, Auftragsbearbeiter oder Gruppengesellschaften.

III. Welche Informationspflichten bestehen, wenn die Daten nicht beim Betroffenen erhoben werden (Dritterhebung)?

Zusätzlich zu der Informationspflicht bei der Erhebung der Daten direkt beim Betroffenen, schafft die DSGVO auch die Pflicht den Betroffenen über die Datenverarbeitung zu informieren, wenn die Daten nicht bei Ihm sondern bei einem Dritten erhoben wurden (Art. 14 DSGVO). Das revDSG enthält hierzu auch einige wenige spezifische Bestimmungen. 401

1. Zeitpunkt der Mitteilung an den Betroffenen

Für den Zeitpunkt der Mitteilung an den Betroffenen bestehen je nach Verarbeitungsvorgang verschiedene Regeln (Art. 14 Abs. 3 DSGVO): 402
- Die personenbezogenen Daten werden zur **Kommunikation mit der betroffenen Person** verwendet: Die Information an die betroffene Person muss spätestens zum Zeitpunkt **der ersten Mitteilung** an diese erfolgen.

§ 6 Informationspflicht des Verantwortlichen

- Es ist die **Offenlegung** der personenbezogenen Daten an einen **anderen Empfänger** beabsichtigt: Die Information an die betroffene Person muss spätestens zum Zeitpunkt **der Offenlegung an den Empfänger** erfolgen.
- In allen **übrigen Fällen**: Die betroffene Person muss innerhalb einer angemessenen Frist, spätestens jedoch **innerhalb eines Monats** informiert werden.

403 Nach dem revDSG muss der Verantwortliche spätestens einen Monat, nachdem er die Daten erhalten hat, informieren (Art. 19 Abs. 5 revDSG). Gibt der Verantwortliche die Daten vor Ablauf eines Monats bekannt, hat er die Betroffenen mit Bekanntgabe zu informieren.

2. Inhalt der Informationspflichten

404   Nachfolgend sind die einzelnen Informationen, die bei einer Dritterhebung nach DSGVO angegeben werden müssen, aufgeführt. Diese decken sich zu einem grossen Teil mit den Informationspflichten bei der Direkterhebung.
- **Name und Kontaktdaten**: Identisch mit der Informationspflicht bei der Datenerhebung beim Betroffenen.
- **Datenschutzbeauftragter**: Identisch mit der Informationspflicht bei der Datenerhebung beim Betroffenen.
- **Zwecke und Rechtsgrundlage**: Identisch mit der Informationspflicht bei der Datenerhebung beim Betroffenen.
- **Datenkategorien**: Zusätzlich zu den Informationspflichten bei der Datenerhebung beim Betroffenen, muss bei der Dritterhebung den Betroffenen mitgeteilt werden, welche Kategorien personenbezogener Daten verarbeitet werden sollen. Dabei muss nicht im Einzelnen erläutert werden, welche Daten genau erhoben werden. Die Kategorien müssen aber so bestimmt sein, dass die Betroffenen das Risiko einer Verarbeitung abschätzen und entscheiden können, ob sie ihre Betroffenenrechte geltend machen wollen. *Machen Sie die Angaben so präzise wie möglich. Sie können dabei aber Oberbegriffe wie «Stammdaten», «Adressdaten», «Kommunikationsdaten», «Sozialdaten» etc. verwenden.*
- **Empfänger oder Kategorien von Empfängern**: Identisch mit der Informationspflicht bei der Datenerhebung beim Betroffenen.
- **Übermittlung in Drittländer oder an eine internationale Organisation**: Identisch mit der Informationspflicht bei der Datenerhebung beim Betroffenen.
- **Dauer der Speicherung**: Identisch mit der Informationspflicht bei der Datenerhebung beim Betroffenen.
- **Berechtigte Interessen**: Identisch mit der Informationspflicht bei der Datenerhebung beim Betroffenen.

- **Betroffenenrechte**: Identisch mit der Informationspflicht bei der Datenerhebung beim Betroffenen.
- **Herkunft der Daten**: Die betroffene Person muss bei der Dritterhebung der Daten über die Herkunft der Daten informiert werden. Dabei muss die Quelle nicht namentlich genannt werden, vielmehr reicht es aus, wenn allgemein über die Quelle informiert wird. So muss bspw. ein Inkassounternehmen, dass Daten von Gläubigern des Betroffenen erhalten hat, diesem nicht die Namen der einzelnen Gläubiger mitteilen. Es genügt der Hinweis, dass die Daten von Gläubigern des Betroffenen stammen, die gesetzliche oder vertragliche Ansprüche gegen den Betroffenen geltend machen.
- **Automatisierte Entscheidung und Profiling**: Identisch mit der Informationspflicht bei der Datenerhebung beim Betroffenen.
- **Informationspflicht bei der Weiterverarbeitung**: Sollen personenbezogene Daten weiterverarbeitet werden, muss der Verantwortliche die betroffene Person über die neuen Zwecke und alle anderen vorgenannten massgeblichen Angaben informieren. Die bereits erbrachten Informationen müssen nicht noch einmal mitgeteilt werden.

Nach dem revDSG müssen zusätzlich zu den oben aufgeführten Informationen bei der Direkterhebung die Kategorien der bearbeiteten Personendaten mitgeteilt werden.

3. Ausnahmen von der Informationspflicht

In bestimmten Fällen bestehen auch bei der Dritterhebung der Daten Ausnahmen von der Informationspflicht (Art. 14 Abs. 5 DSGVO). Dies in folgenden Fällen:

- **Kenntnis des Betroffenen**: Sofern der Betroffene bereits über die aufgezeigten Informationen verfügt, kann eine Mitteilung unterbleiben. Dies ist bspw. der Fall, wenn die Informationen dem Betroffenen bereits durch einen anderen Verantwortlichen mitgeteilt wurden.

Beispiel:

Das Inkassounternehmen Inkasso AG erhält von der Versand AG Personendaten über Herrn Schmid um eine offene Forderung der Versand AG gegenüber Herrn Schmid einzutreiben. Die Versand AG hat die Weitergabe und die Verarbeitung der Daten an die Inkasso AG Herrn Schmid bereits mitgeteilt.

Lösung:

408 | Die Inkasso AG muss Herr Schmid keine Mitteilung über die Verarbeitung seiner Personendaten machen.

- **Unmöglichkeit oder unverhältnismässiger Aufwand**: Die Unmöglichkeit liegt insbesondere dann vor, wenn die betroffene Person durch den Verantwortlichen nicht identifiziert werden kann. Dies kann bspw. der Fall sein, wenn nur eine dynamische IP-Adresse vorliegt und zur Identifizierung der betroffenen Person weitere Daten notwendig sind. Der Verantwortliche muss in diesem Fall nicht weitere Informationen einholen.
- **Erlangung der Daten aufgrund von Rechtsvorschriften**: Hat der Verantwortliche die Daten aufgrund einer gesetzlichen Vorschrift erhalten, muss die betroffene Person nicht informiert werden.
- **Berufsgeheimnisse**: Unterliegen die Daten einem Berufsgeheimnis, ist der Träger dieses Berufsgeheimnisses nicht zur Information verpflichtet (bspw. Anwälte, Ärzte etc.).
- **Berechtigte Geheimhaltungsinteressen**: Da sich die oben genannten Informationspflichten nicht auf die Daten selber beziehen, sondern auf die Datenkategorien und die übrigen Informationen, muss sich das Geheimhaltungsinteresse ebenfalls auf diese Informationen beziehen. Dies wird dann der Fall sein, wenn bereits die Tatsache der Datenerhebung und des Zweckes von der betroffenen Person geheim gehalten werden muss. Darunter fallen bspw. die verdeckten Nachforschungen eines Privatdetektives über die betroffene Person. In Frage kommt diese Norm auch für Bewertungsportale, wenn es darum geht die Person des Bewerters gegenüber dem Bewerteten bekanntzugeben.

409 Nach dem revDSG kann sich der Verantwortliche zusätzlich zu den bereits unter den Ausnahmen von der Informationspflicht bei der Direkterhebung aufgeführten Punkten darauf berufen, dass die Information nicht möglich ist oder einen unverhältnismässigen Aufwand verursacht.

IV. Welche Melde- und Benachrichtigungspflichten bestehen im Zusammenhang mit einer Datenverarbeitung zur Wahrnehmung eines öffentlichen Interesses, zur Wahrung der berechtigten Interessen des Verantwortlichen sowie der Direktwerbung?

Erfolgt die Datenverarbeitung aufgrund der Rechtsgrundlage der Wahrnehmung einer **öffentlichen Aufgabe** (Art. 6 Abs. 1 lit. e DSGVO), aufgrund der Rechtsgrundlage der **berechtigten Interessen** des Verantwortlichen (Art. 6 Abs. 1 lit. f DSGVO) oder zur **Direktwerbung**, so muss die betroffene Person auf ihr **Widerspruchsrecht hingewiesen** werden (Art. 21 Abs. 4 DSGVO). Diese Pflicht gilt nur nach der DSGVO und nicht nach dem revDSG. 410

Das Widerspruchsrecht gibt der betroffenen Person die Möglichkeit, eine Datenverarbeitung zu der sie ihre Einwilligung nicht gegeben hat, die aber aufgrund anderer gesetzlicher Erlaubnistatbestände zulässig ist, zu verhindern. 411

Der Hinweis auf das Widerspruchsrecht hat grundsätzlich in **getrennter Form** von den übrigen Informationspflichten zu erfolgen. Allerdings ist unserer Auffassung nach nicht notwendig, dass diese in verschiedenen Dokumenten erfolgt. Es muss genügen, wenn dies in der Datenschutzerklärung so aufgeführt ist, dass es optisch getrennt wahrgenommen wird. 412

V. Welche Melde- und Benachrichtigungspflichten bestehen bei einer Datenschutzverletzung?

Die DSGVO stellt zusätzliche Melde- und Benachrichtigungspflichten für den Fall auf, dass es bereits zu einer Datenschutzverletzung gekommen ist (Art. 33 und 34 DSGVO). Dabei wird unterschieden zwischen der Meldepflicht **gegenüber der Aufsichtsbehörde** (Art. 33 DSGVO) und der Benachrichtigungspflicht **gegenüber der betroffenen Person** (Art. 34 DSGVO). Entsprechende Meldepflichten werden auch nach dem revDSG eingeführt. Es handelt sich dabei zwar um eine etwas abgeschwächte Variante der DSGVO, diese wird aber trotzdem dafür sorgen, dass die Unternehmen entsprechende Prozesse einführen müssen. 413

§ 6 Informationspflicht des Verantwortlichen

1. Meldung an die Aufsichtsbehörde

414   Es werden zunächst die Vorgaben der DSGVO und anschliessend diejenigen des revDSG erläutert.

415   Ist es zu einer Datenschutzverletzung gekommen, muss der Verantwortliche unverzüglich und wenn möglich **innert 72 Stunden** nach Bekanntwerden, die Verletzung der zuständigen Aufsichtsbehörde melden. Wenn die Meldung nicht innert 72 Stunden erfolgt, ist eine Begründung für die Verzögerung beizufügen.

416   Die Meldung an die Aufsichtsbehörde hat mindestens folgende Informationen zu enthalten:
– Die **Beschreibung der Art der Datenschutzverletzung**. Falls möglich mit der Angabe der Kategorien und ungefähren Anzahl betroffener Personen sowie der betroffenen Kategorien und ungefähren Anzahl betroffener personenbezogener Datensätze. Die Betroffenen sind nicht namentlich aufzuführen und die betroffenen Daten sind auch nicht zu übermitteln.
– Den **Namen und die Kontaktdaten des Datenschutzbeauftragten** oder eine sonstige Anlaufstelle für weitere Informationen.
– Die Beschreibung der wahrscheinlichen Folgen der Datenschutzverletzung.
– Die **Beschreibung der ergriffenen oder vorgeschlagenen Massnahmen** zur Behebung der Datenschutzverletzung und allenfalls die Massnahmen zur Milderung der möglichen nachteiligen Auswirkungen der Datenschutzverletzung.

417   Der **Auftragsverarbeiter** hat eine Datenschutzverletzung dem Verantwortlichen unverzüglich zu melden, sobald ihm diese bekannt wird. Diese Meldepflicht umfasst die konkreten Angaben zur Datenschutzverletzung. Die Prognoseentscheidung über das ausgelöste Risiko für die Rechte und Freiheiten der betroffenen Personen muss anschliessend der Verantwortliche vornehmen.

418   Die **Meldepflicht entfällt**, wenn die Datenschutzverletzung voraussichtlich nicht zu einem Risiko für die Rechte und Freiheiten natürlicher Personen führt. Der Verantwortliche muss daher eine Prognose über die möglichen Auswirkungen der Datenschutzverletzung erstellen und so abschätzen, ob ein Risiko für die Rechte und Freiheiten der betroffenen Personen besteht.

419   Nach Art. 24 revDSG hat eine Meldung an den EDÖB zu erfolgen, wenn es zu einer Verletzung der Datensicherheit gekommen ist, die voraussichtlich zu einem hohen Risiko für die Persönlichkeit oder die Grundrechte der betroffenen Person führt. Die Meldung muss so rasch als möglich gemacht werden, im Gegensatz zur DSGVO wird aber keine maximale Zeitspanne dafür genannt.

420   Eine Verletzung der Datensicherheit liegt dann vor, wenn die Vertraulichkeit, Integrität oder Verfügbarkeit der Personendaten beeinträchtigt wird. Dies führt dazu, dass Personendaten verloren gehen, gelöscht oder verändert oder Unbefugten offengelegt oder zugänglich gemacht werden. Unter dem revDSG

hat somit in jedem Fall eine Risikoabschätzung im Einzelfall zu erfolgen. Dabei ist zu prüfen, wie wahrscheinlich negative Folgen für die betroffene Person sind und wie diese Folgen zu qualifizieren sind. Je wahrscheinlicher negative Folgen sind und je schwerer diese zu qualifizieren sind, umso eher ist das Risiko als hoch einzustufen. Beachtet werden müssen allerdings nur Risiken, die aufgrund der konkreten Umstände realistisch und konkret erscheinen (vgl. hinten § 8).

Gemeldet werden muss mindestens die Art der Verletzung der Datensicherheit, deren Folgen und die ergriffenen oder vorgesehenen Massnahmen. 421

Die Meldepflicht gilt nur für den Verantwortlichen und nicht den Auftragsbearbeiter. Dieser hat allerdings die Pflicht, den Verantwortlichen so rasch als möglich über die Verletzung der Datensicherheit zu informieren. Es ist dann am Verantwortlichen zu prüfen, ob der EDÖB und allenfalls die betroffenen Personen zu informieren sind. 422

2. Benachrichtigung der betroffenen Person

Für eine allfällige Benachrichtigung der betroffenen Personen werden zunächst ebenfalls die Voraussetzungen der DSGVO und anschliessend diejenigen des revDSG erläutert. 423

Die betroffene Person muss nach DSGVO nur über die Verletzung informiert werden, wenn die Verletzung für sie voraussichtlich ein hohes Risiko für die persönlichen Rechte und Freiheiten hat. Diese Bestimmung kommt bspw. zur Anwendung, wenn personenbezogene Daten verloren gegangen sind, gestohlen wurden, Unbefugten offengelegt oder manipuliert wurden etc. 424

Ob ein hohes Risiko für die persönlichen Rechte und Freiheiten der betroffenen Person vorliegt, hängt von der Art der Datenschutzverletzung und den betroffenen personenbezogenen Daten ab. Je gravierender die Datenschutzverletzung ist und je schützenswerter die personenbezogenen Daten sind, umso eher entsteht die Meldepflicht. Im Einzelfall muss hier eine genaue Abklärung erfolgen. 425

Die Mitteilung an den Betroffenen muss in **einfacher und gut verständlicher Sprache** erbracht werden. Folgende Informationen müssen enthalten sein (Verweis von Art. 34 auf Art. 33 Abs. 3 lit. b, c und d DSGVO): 426
- Der **Name und die Kontaktdaten des Datenschutzbeauftragten** oder eine sonstige Anlaufstelle für weitere Informationen.
- Die Beschreibung der **wahrscheinlichen Folgen** der Datenschutzverletzung.
- Die Beschreibung der **ergriffenen oder vorgeschlagenen Massnahmen** zur Behebung der Datenschutzverletzung und allenfalls die **Massnahmen**

§ 6 Informationspflicht des Verantwortlichen

zur Milderung der möglichen nachteiligen Auswirkungen der Datenschutzverletzung.

427 Eine Benachrichtigung kann **unterbleiben**, wenn einer der folgenden Fälle vorliegt:
- Es wurden geeignete **technische und organisatorische Sicherheitsvorkehrungen** getroffen. Diese Sicherheitsvorkehrungen werden konkret auf die personenbezogenen Daten der betroffenen Person angewendet. Dazu gehören insbesondere solche Massnahmen, durch die verhindert wird, dass Personen ohne Zugangsberechtigung zu den Daten auf diese zugreifen können (bspw. durch Verschlüsselung). Die Massnahme muss bereits **vor der Datenschutzverletzung** implementiert worden sein.

Beispiel

428 Ein Datenträger mit personenbezogenen Daten der Treuhand AG wird gestohlen. Die darauf enthaltenen Daten sind durch Verschlüsselung jedoch vor unbefugtem Zugriff geschützt.

Lösung

429 Die Treuhand AG muss die betroffenen Personen nicht über den Datendiebstahl informieren.

- Es wurde durch Massnahmen nach der Datenschutzverletzung sichergestellt, dass das **hohe Risiko für die Rechte und Freiheiten** der betroffenen Person aller Wahrscheinlichkeit nach **nicht mehr besteht**.

Beispiel

430 Unberechtigte verschaffen sich durch einen Hacking Angriff Zugriff auf den Webshop der Versand AG. Diese sperrt kurz darauf den Online-Zugang zum Portal.

Lösung

431 Sofern durch die Sperrung des Portals aller Wahrscheinlichkeit nach kein Zugang der Hacker zu den Kundendaten der Versand AG besteht, kann diese von einer Benachrichtigung der Kunden absehen.

- Die Information an die betroffene Person wäre mit einem **unverhältnismässigen Aufwand** verbunden. In diesem Fall hat aber eine **öffentliche Bekanntmachung** oder eine **ähnliche Massnahme** zu erfolgen, durch welche die betroffene Person vergleichbar wirksam informiert wird. Von einem unverhältnismässigen Aufwand ist insbesondere dann auszugehen, wenn eine hohe Anzahl Betroffener zu benachrichtigen ist, von denen keine individuellen Kontaktdaten vorliegen und diese nur mit unverhältnismässig hohem Zeit- und Kostenaufwand ermittelt werden können.

Nach dem revDSG soll eine Information der betroffenen Person nur ausnahmsweise erfolgen. Dies wenn die Information zu ihrem Schutz erforderlich ist. Dies ist dann der Fall, wenn die betroffene Person selbst tätig werden muss, um sich vor den Folgen der Verletzung der Datensicherheit zu schützen (bspw. Passwortwechsel). Sofern der Schaden bereits eingetreten ist, die betroffene Person bereits Kenntnis vom Fall oder selber keinen Einfluss hat, muss keine Information erfolgen.

Das revDSG sieht zudem gewisse Fälle vor, in denen die Information der betroffenen Person eingeschränkt, aufgeschoben oder darauf verzichtet werden kann. Dies ist der Fall, wenn die Interessen Dritter überwiegen (bspw. ungestörte Untersuchung von Behörden), die Information unmöglich ist oder einen unverhältnismässigen Aufwand verursacht (bspw., weil die Betroffenen nicht einfach identifiziert werden können) oder die Information bereits durch eine öffentliche Bekanntmachung in vergleichbarer Weise sichergestellt ist.

§ 7. Rechte der Betroffenen

I. Welche Rechte haben die Betroffenen nach der DSGVO und dem revDSG?

434 Die europäische Datenschutzverordnung und das Datenschutzgesetz der Schweiz stellen den Betroffenen Instrumente zur **Durchsetzung ihrer Rechte** zur Verfügung. Mit diesen Instrumenten können die Betroffenen sicherstellen, dass ihre Rechte gewahrt werden. Den Betroffenen stehen folgende Rechte zu:

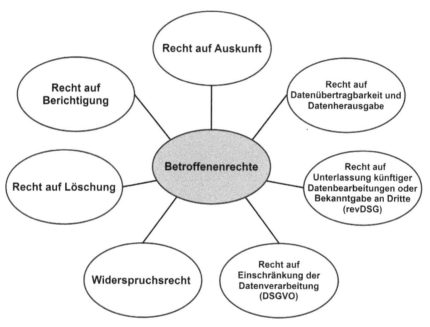

Abb. 1 – Die Betroffenenrechte im Überblick

435 *Die Betroffenenrechte stellen ein wichtiges Instrument zur Durchsetzung der Rechte der Betroffenen dar; können die betroffenen Unternehmen aber unter Umständen vor grosse Herausforderungen stellen. Wir empfehlen bei Unternehmen, die häufig mit solchen Anfragen konfrontiert werden, eine entsprechende Organisationsstruktur zu schaffen, damit die Anfragen effizient behandelt werden können. Einzelne Prozesse werden sich dabei auch automatisieren lassen, insbesondere dort, wo die Datenverarbeitung für die verschiedenen Betroffenen im Grundsatz gleich ist.*

II. Wie sieht das Auskunftsrecht der Betroffenen aus?

Beispiel:

Eine Patientin einer Arztpraxis möchte Auskunft über ihre von der Arztpraxis verarbeiteten Personendaten.

436

Lösung:

Die Patientin hat gegenüber der Arztpraxis ein Auskunftsrecht bezüglich ihrer Personendaten. Dies umfasst sämtliche Personendaten, welche die Praxis über sie hat (Personenstammdaten, Gesundheitsdaten etc.). Die Arztpraxis muss der Betroffenen Auskunft über die Verarbeitungszwecke (hier wäre das die Erbringung von Gesundheitsdienstleistungen), die Speicherdauer und, falls die Daten weitergegeben werden, die Empfängerin der Daten geben.

437

Das Auskunftsrecht gibt der Betroffenen die Möglichkeit, **Auskunft** über konkrete sie betreffende Datenverarbeitungsvorgänge **einzuholen**.

438

Generell sollen die betroffenen Personen **verstehen, wie ihre Daten verarbeitet werden und welche Folgen diese für sie hat**. Das Auskunftsrecht kann ohne Nachweis eines Interesses und ohne eine Begründung geltend gemacht werden. Auch blosse **Neugier reicht aus**.

439

Das Auskunftsrecht nach Art. 15 DSGVO und Art. 25 revDSG ist zweistufig aufgebaut: Die betroffene Person kann zunächst von der Verantwortlichen eine Bestätigung darüber verlangen, ob über sie Personendaten verarbeitet werden. Ist dies der Fall, hat sie ein **Recht auf Auskunft über diese Personendaten**.

440

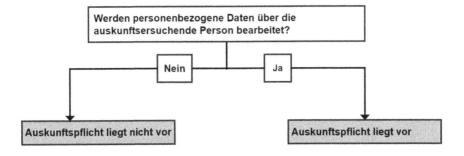

Abb. 2 – Die Auskunftspflicht

Die betroffene Person muss darüber informiert werden, welche Personendaten von ihr verarbeitet werden. Die Auskunft muss sich auf den Datenbestand zum Zeitpunkt des Auskunftsbegehrens beziehen und muss **vollständig** sein.

441

1. Zuverlässige Identifikation der auskunftsersuchenden Person

442 In beiden Rechtsordnungen hat die Verantwortliche die zuverlässige Identifikation der auskunftsersuchenden Person **sicherzustellen**. Dies erfolgt in der Regel durch eine **Ausweiskopie**.

443 *Um sicherzustellen, dass nur berechtigte Personen ihre Betroffenenrechte ausüben, sollten sie stets einen Identitätsnachweis (bspw. Kopie des Ausweisdokumentes) verlangen, bevor sie ein Gesuch bearbeiten.*

2. Form des Antrags

444 Eine Besonderheit stellt die Form des Antrags dar:
- Nach DSGVO kann die betroffene Person das Verfahren um Auskunftserteilung formlos (schriftlich oder mündlich) einleiten.
- Nach revDSG wird das Auskunftsersuchen grundsätzlich schriftlich oder oder in der Form, in der die Daten vorliegen (z.B. elektronisch) gestellt. Ist die Verantwortliche einverstanden, kann das Gesuch auch mündlich mitgeteilt werden.

3. Zu liefernde Informationen

445 Die Verantwortliche muss die Auskunft so **genau** und **verständlich** geben, dass die betroffene Person ihre Betroffenenrechte umfassend ausüben kann. Insbesondere bei grossen Datenbeständen, muss die Verantwortliche die Auskunft **aufbereiten** und **erläutern**, so dass die Verarbeitung für die betroffene Person nachvollziehbar ist.

446 Die nachfolgende Liste soll eine Übersicht über die zu liefernden Informationen bei einem Auskunftsgesuch verschaffen:
- **Identität** und die **Kontaktdaten** der Verantwortlichen
- Die bearbeiteten **Personendaten** als solche und ihr **Verarbeitungszweck**
- Aufbewahrungsdauer
- Die verfügbaren Angaben über die **Herkunft** der Personendaten
- Das Vorliegen einer **automatisierten Einzelentscheidung** sowie die Logik, auf der die Entscheidung basiert
- **Empfängerin**, denen die Personendaten offengelegt werden
- **Kategorien** der verarbeiteten personenbezogenen Daten (DSGVO)
- **Rechte** der betroffenen Personen (DSGVO)

- Garantien im Zusammenhang mit der Übermittlung an ein Drittland ohne angemessenes Datenschutzniveau oder eine internationale Organisation (nach revDSG zusätzlich das Bestimmungsland; vgl. vorne § 5)
- Personendaten über die **Gesundheit** (revDSG)
- Falls dies für die Geltendmachung von Rechten im Bereich des Datenschutzes erforderlich ist, kann eine betroffene Person **auch weitere, nicht aufgelistete Information** verlangen (revDSG)

4. Form der Auskunft

Nach der **DSGVO hat** die betroffene Person ein Recht auf **Kopien der personenbezogenen Daten, die Gegenstand der Verarbeitung sind**. Für alle weiteren Kopien, die die betroffene Person beantragt, kann die Verantwortliche ein angemessenes Entgelt auf der Grundlage der Verwaltungskosten verlangen. 447

Stellt die betroffene Person den **Antrag elektronisch**, sind die Informationen in einem gängigen elektronischen Format zur Verfügung zu stellen, sofern nichts anderes angegeben wurde. Gängige elektronische Formate sind «.pdf» oder «.png» Dokumente. 448

Nach dem **revDSG** wird die Auskunft in der Regel schriftlich erteilt. Die Auskunft kann auch mündlich erfolgen, sofern die betroffene Person damit einverstanden ist. Sind die Verantwortliche und die Gesuchstellerin beide einverstanden, kann die betroffene Person ihre Daten auch an Ort und Stelle einsehen. Die Auskunftserteilung kann auch auf elektronischem Weg erfolgen. 449

Wenn Sie Dokumente digital übermitteln ist es wichtig, dass Sie stets auf die Datensicherheit achten. So stellen Sie sicher, dass keine personenbezogenen Daten verloren gehen (vgl. § 8). 450

5. Frist der Auskunft

Nach der **DSGVO** ist die Verantwortliche verpflichtet, die Auskunft **unverzüglich, spätestens jedoch einen Monat** nach Eingang des Auskunftsbegehrens, zu erteilen. Diese Frist kann um weitere **zwei Monate verlängert** werden, wenn dies unter Berücksichtigung der Komplexität und der Anzahl von Anträgen erforderlich ist. Die Verantwortliche unterrichtet die betroffene Person innerhalb eines Monats nach Eingang des Antrags über eine Fristverlängerung, zusammen mit den Gründen für die Verzögerung. Nach dem revDSG muss die Auskunft **innert 30 Tagen** seit dem Eingang des Begehrens erteilt werden. Kann die Auskunft nicht innert 30 Tagen erteilt werden, so 451 muss die Verantwortliche die betroffene Person darüber in Kenntnis setzen und ihr eine neue Frist mitteilen, in der die Auskunft erfolgen wird.

452 Wenn die Verantwortliche die Auskunft verweigert, einschränkt oder aufschiebt, muss sie dies innert derselben Frist mitteilen.

453 *Legen Sie klare Abläufe und Zuständigkeiten fest, damit die Auskunftsgesuche korrekt und fristgerecht bearbeitet werden. Wenn eine Fristverlängerung erforderlich ist informieren Sie die betroffene Person frühzeitig und begründet über die Verzögerung und geben sie eine neue Frist an. Stützen Sie sich bei der Begründung auf eine hohe Komplexität und Anzahl der Anträge.*

6. Kosten der Auskunft

454 Nach der **DSGVO** ist die Auskunft grundsätzlich **unentgeltlich** zu erteilen. Eine Ausnahme ist gegeben, wenn Anhaltspunkte für eine rechtsmissbräuchliche Antragstellung vorliegen. Dies ist bspw. der Fall, wenn der Antrag häufig wiederholt wird.

455 Auch nach dem **revDSG** muss die Auskunft grundsätzlich **kostenlos** erteilt werden. Eine angemessene Beteiligung an den Kosten kann verlangt werden, wenn die Auskunftserteilung mit einem unverhältnismässigen Aufwand verbunden ist. Die Beteiligung beträgt in diesem Fall maximal CHF 300.–. Dabei ist die betroffene Person vorgängig über die Höhe der Beteiligung in Kenntnis zu setzen. Die betroffene Person kann ihr Gesuch anschliessend innert zehn Tagen zurückziehen.

7. Ausnahmen der Auskunftserteilung

456 Nach **DSGVO** ist eine Verweigerung der Auskunft durch die Verantwortliche zulässig, wenn sie glaubhaft macht, dass sie nicht in der Lage ist, die betroffene Person zu identifizieren.

457 Auch bei offensichtlich unbegründeten oder exzessiven Auskunftsanträgen einer betroffenen Person, kann die Verantwortliche die Auskunft verweigern. Exzessiv sind Auskunftsanträge insbesondere dann, wenn sie häufig wiederholt werden. Das ist bspw. der Fall, wenn der betroffenen Person bereits zuvor Auskunft erteilt wurde und in der Zwischenzeit nachweislich keine Datenverarbeitungen mehr stattgefunden haben.

458 Offensichtlich unbegründet ist ein Antrag, wenn ohne eine vertiefte Prüfung erkennbar ist, dass die Voraussetzungen des gestellten Antrages nicht vorliegen. Dies ist bspw. dann der Fall, wenn Frau Fuchs um Auskunft der Personendaten von Frau Moser ersucht.

Nach **dem revDSG** kann die Verantwortliche die Auskunft:
- **verweigern** (umfassende Ablehnung des Gesuchs)
- **einschränken** (bspw. Schwärzen einzelner Textpassagen)
- **oder aufschieben** (Auskunft wird nicht zeitnah erteilt).

Es ist stets die verhältnismässigste Massnahme anzuwenden. Das heisst, dass stets diejenige Massnahme gewählt werden muss, welche für die Gesuchstellerin am günstigsten ist. Das bedeutet, dass die Auskunft in der Regel primär einzuschränken, sekundär aufzuschieben und wenn es gar nicht anders geht, zu verweigern ist.

Die Verantwortliche ist zunächst zur Verweigerung, Einschränkung oder Aufschiebung berechtigt, wenn eine Auskunft **gegen geltendes Recht** verstossen würde. Es können besondere Amtsgeheimnisse wie bspw. das Sozialversicherungsgeheimnis (Art. 33 ATSG) oder die Schweigepflicht der Opferhilfeberatung nach Art. 11 OHG oder privatrechtliche Berufsgeheimnisse dem Auskunftsrecht entgegengehalten werden, wenn sie den Zugang eben gerade für die betroffene Person ausschliessen.

Eine Ausnahme des Auskunftsrechts liegt auch vor, wenn eine Verweigerung, Einschränkung oder Aufschiebung des Auskunftsrechts aufgrund **überwiegender Interessen Dritter** erforderlich ist. Damit wird dem Umstand Rechnung getragen, dass Akten regelmässig auch Personendaten von Dritten enthalten.

Beispiel:

Eine Gesuchstellerin möchte eine Kopie eines Dokuments erhalten, auf dem die Personendaten von Drittpersonen ebenfalls angegeben sind.

Lösung:

Die Verantwortliche muss die Kopie zwar ausstellen, muss aber die Personendaten der Drittpersonen vorerst schwärzen, um deren Rechte und Freiheiten nicht zu verletzen.

Achten Sie bei der Bearbeitung von Auskunftsgesuchen stets darauf, nur diejenigen Daten herauszugeben, auf die die Gesuchstellerin einen Anspruch hat. Ansonsten riskieren sie es, die Datenschutzrechte von Drittpersonen zu verletzen.

Zuletzt muss bzw. darf die Auskunft auch verweigert, eingeschränkt oder aufgeschoben werden, wenn das Auskunftsgesuch **offensichtlich unbegründet** ist. Dies ist insbesondere dann der Fall, wenn ein datenschutzwidriger Zweck verfolgt wird oder wenn das Gesuch offensichtlich querulatorisch ist.

Beispiel:

467 Frau Fuchs befindet sich in einem Rechtsstreit gegen die Wurst AG. Um möglichst viele Unterlagen für den Gerichtsprozess gegen die Wurst AG zu sammeln, stellt sie Auskunftsgesuche an die Wurst AG, unter dem Vorwand ein Datenschutzinteresse an diesen Unterlagen zu haben.

Lösung:

468 Frau Fuchs hat eigentlich gar kein Datenschutzinteresse. Vielmehr möchte sie Prozessausforschung gegen die Wurst AG betreiben und Beweise beschaffen. Somit verfolgt sie mit dem Auskunftsgesuch einen datenschutzwidrigen Zweck, zumal sie mit dem Auskunftsgesuch das Ziel verfolgt, möglichst gute Karten für einen Gerichtsprozess gegen die Wurst AG zu haben.

469 *Insbesondere bei Auskunftsbegehren, welche heikle Informationen betreffen, sollten Sie stets prüfen, ob die Gesuchstellerin tatsächlich ein Interesse an der Auskunft hat. Hat sie ein Interesse, können Sie prüfen, ob eine eingeschränkte Auskunft auch genügt.*

470 Die Verantwortliche muss **angeben, weshalb sie die Auskunft verweigert, einschränkt oder aufschiebt** und sie hat die Gründe zu dokumentieren.

III. Wann besteht das Recht auf Berichtigung?

471 Die Betroffenen haben nach Art. 16 DSGVO das Recht, von der Verantwortlichen die **Berichtigung unrichtiger oder Vervollständigung unvollständiger personenbezogener Daten**, die sie betreffen, zu verlangen. Unrichtig sind personenbezogene Daten dann, wenn sie objektiv nicht der Realität entsprechen. Das Recht auf Berichtigung knüpft an den Grundsatz der Richtigkeit an, wonach personenbezogene Daten sachlich korrekt und, soweit erforderlich, auf dem neuesten Stand sein müssen.

472 Die Berichtigung sollte unverzüglich erfolgen. So darf die Berichtigung nicht absichtlich verzögert werden. Grundsätzlich sollten Berichtigungen nicht länger als einen Monat dauern. Kann die Verantwortliche die Frist aufgrund der Komplexität der Anfrage oder des hohen Volumens der Anfragen nicht wahren, hat sie die betroffene Person über die Fristverlängerung und den Grund der Verzögerung zu informieren.

473 Während der Zeit, in der das Berichtigungsverfahren läuft, darf die betroffene Person von der Verantwortlichen verlangen, dass die Verarbeitung der Daten eingeschränkt wird. Eine Einschränkung ist bspw. die vorübergehende Entfernung der fraglichen Daten von einer Webseite.

Berichtigen Sie Daten immer erst, wenn die gesuchstellende Person die Wahrheit ihres Berichtigungsantrags nachgewiesen hat. So vermeiden Sie, dass Sie «falsch» berichtigen und Sie gewinnen Zeit, da Sie erst zur Berichtigung verpflichtet sind, sobald die gesuchstellende Person die Wahrheit beweisen konnte. 474

Die betroffene Person kann die Berichtigung mündlich, schriftlich oder auch elektronisch (bspw. per E-Mail) verlangen. 475

Nach dem revDSG ist die Berichtigung unrichtiger Daten ausgeschlossen, wenn eine **gesetzliche Vorschrift** die Änderung der Personendaten ausschliesst. Das revDSG erlaubt eine Interessenabwägung in Bezug auf Daten in Archivbeständen, die ausschliesslich zu diesem Zweck bearbeitet werden und bei denen ein überwiegendes öffentliches Interesse daran besteht, dass die Daten unverändert bestehen bleiben. Diese Ausnahme erfasst bspw. Bibliotheken. 476

Kann weder die Wahrheit noch die Unwahrheit der betroffenen Personendaten bewiesen werden, so hat die gesuchstellende Person keinen Anspruch auf Berichtigung. Sie hat allerdings einen Anspruch, dass ein Bestreitungsvermerk angebracht wird. Ein Bestreitungsvermerk ist ein Vermerk, welcher ersichtlich macht, dass die Richtigkeit der Daten von der betroffenen Person bestritten wird. 477

Die betroffene Person hat zudem das Recht, **unter Berücksichtigung der Zwecke** der Verarbeitung, die **Vervollständigung** unvollständiger Personendaten zu verlangen. 478

Um vorbereitet auf Berichtigungsgesuche reagieren zu können, sollten Sie einen festen Prozess und Zuständigkeiten festlegen. Zudem sollten Sie stets von der gesuchstellenden Person einen Identitätsnachweis verlangen und darauf achten, keine Fristen zu verpassen. 479

IV. Wann besteht ein Recht auf Löschung?

Beispiel:

Die Venture AG sucht neue Mitarbeiterinnen und startet ein Bewerbungsverfahren mit mehreren Kandidatinnen. Dabei können gewisse Kandidatinnen nicht berücksichtigt werden. 480

Lösung:

> Die Venture AG benötigt die Personendaten der nicht berücksichtigten Kandidatinnen nicht mehr. Diese haben somit das Recht, die Löschung der Daten zu verlangen. Eine Pflicht die Daten zu löschen, ergibt sich zudem bereits aus dem Grundsatz der Speicherbegrenzung und Datenminimierung bzw. bei Wegfall des Bearbeitungszwecks. Die Venture AG muss die Daten somit löschen.

1. Voraussetzungen der Löschung

Um die Löschung ihrer Personendaten zu erwirken, muss die betroffene Person aktiv werden und ein **Löschgesuch** stellen. Stellt die betroffene Person ein Löschgesuch, dann ist die Verantwortliche zur **unverzüglichen Löschung** der Daten verpflichtet, sofern eine der folgenden Voraussetzungen erfüllt ist:
- Die Daten sind für die **Zwecke**, für die sie erhoben oder verarbeitet wurden, **nicht mehr notwendig**. Aufgrund des Prinzips der Speicherbegrenzung bzw. Datenminimierung müssten diese Daten von der Verantwortlichen allerdings auch ohne Löschgesuch gelöscht werden. Diese Verpflichtung wird neu in Art. 6 Abs. 4 revDSG ausdrücklich festgehalten.
- Die betroffene Person **widerruft ihre Einwilligung** auf die sich die Verarbeitung stützt und es fehlt an einer anderweitigen Rechtsgrundlage bzw. einem Rechtfertigungsgrund.
- Die Daten wurden **unrechtmässig** verarbeitet.
- Die Löschung der Personendaten ist zur **Erfüllung** einer **rechtlichen Verpflichtung** erforderlich.

2. Ausnahmen der Löschung

Die Verantwortliche ist bei Vorliegen nachfolgender Gründe **nicht zur Löschung der Personendaten verpflichtet** und darf diese selbst dann weiterhin speichern, wenn die betroffene Person die Löschung verlangt. Dies ist der Fall, wenn die Datenverarbeitung **erforderlich** ist:
- zur Ausübung des Rechts auf freie Meinungsäusserung und auf Information;
- zur Erfüllung einer **rechtlichen Verpflichtung** (bspw. die gesetzliche Aufbewahrungspflicht), welche die Verarbeitung der Daten vorsieht oder zur Wahrnehmung einer **öffentlichen Aufgabe** oder in Ausübung **öffentlicher Gewalt**, welche der Verantwortlichen übertragen wurde;
- aus Gründen des öffentlichen Interesses im Bereich der **öffentlichen Gesundheit** (bspw. im Rahmen von Pandemie- oder Epidemiemassnahmen);

- für im öffentlichen Interesse liegende **Archivzwecke, wissenschaftliche** oder **historische Forschungszwecke** oder für **statistische Zwecke**, sofern die Löschung der Daten die Erreichung eines dieser Zwecke unmöglich macht oder ernsthaft gefährdet;
- zur Geltendmachung, Ausübung oder Verteidigung von **Rechtsansprüchen**.

3. Technische Massnahmen und Information Dritter

Die Verantwortliche ist angehalten, geeignete technische Massnahmen zu implementieren, um den Löschungsanspruch der Betroffenen umzusetzen. 484

Hierbei wird zwischen dem Löschen, dem Vernichten und der Anonymisierung unterschieden: 485
- **Löschen** bedeutet, dass **kein Personenbezug** mehr hergestellt werden kann. Sowohl eine Anonymisierung der Personendaten als auch eine Vernichtung dieser kann verhindern, dass die betroffene Person re-identifizierbar ist.
- Bei der **Vernichtung** geht es darum, die Daten rückstandslos zu beseitigen, das heisst die physische Vernichtung (bspw. die Zerstörung des Datenträgers) oder die irreversible Löschung der Personendaten vorzunehmen. Der Begriff «Vernichten» ist also stärker als der Begriff «Löschen» und impliziert, dass die Daten unwiederbringlich zerstört werden. Übliche Löschbefehle (bspw. «Papierkorb leeren») oder eine reine Umformatierung stellen noch keine Vernichtung, sondern eine einfache Löschung dar.
- Dagegen hat eine korrekt durchgeführte **Anonymisierung** zur Folge, dass die Daten zwar noch bestehen, sie aber keinen Personenbezug mehr aufweisen. Dabei muss darauf geachtet werden, dass weder die Verantwortliche selbst noch eine Dritte ohne unverhältnismässigen Aufwand einen Personenbezug wiederherstellen kann. Der Vorgang muss auch hier irreversibel und endgültig sein, ansonsten liegt nur eine **Pseudonymisierung** vor, was nicht ausreicht.

Mit forensischen Werkzeugen und Methoden lassen sich gelöschte (digitale) Daten – auch bei zerstörtem Datenträger – vielfach mit wenig Aufwand wiederherstellen. In der heutigen Zeit von Cloud, Backups & Co. ist es schwierig, festzustellen, wo sich die Daten und allfällige Kopien überall befinden. Nach dem vermeintlichen Löschvorgang sind die Daten für die Benutzerin zwar nicht mehr sichtbar, das bedeutet aber noch lange nicht, dass diese nicht mehr existieren bzw. nicht wiederhergestellt werden können. Wahrscheinlich sind in einzelnen Rechenzentren immer noch Kopien davon vorhanden. Solange diese gelöschten Daten nicht bspw. durch einen neuen Datensatz überschrieben werden, können sie auch wiederhergestellt werden. 486

487 Eine **sichere Methode**, um **Daten endgültig zu löschen** und sicherzustellen, dass diese auch **wirklich vernichtet** werden, stellt die Verschlüsselung dar. Durch die **Verschlüsselung** werden die Daten für unberechtigte Dritte unlesbar gemacht. Mittels **Zerstörung des Entschlüsselungsschlüssels** (und allen Kopien dieses Schlüssels) wird der Zugang zu diesen Daten verhindert und damit die Löschung irreversibel.

488 Wurden die Personendaten durch die Verantwortliche **öffentlich gemacht**, hat diese unter Berücksichtigung der verfügbaren Technologien und der damit verbundenen Implementierungskosten **angemessene Massnahmen** zu treffen, um andere Verantwortliche, die die Personendaten verarbeiten, zu informieren, dass die betroffene Person die Löschung dieser Daten inklusive Links und / oder Replikationen hiervon verlangt hat.

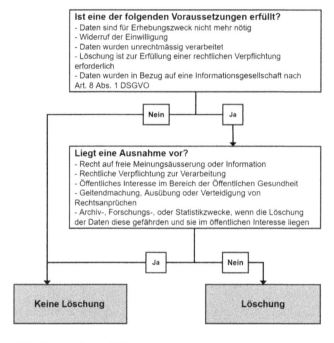

Abb. 3 – Recht auf Löschung

V. Was beinhaltet das Recht auf Einschränkung der Verarbeitung (DSGVO)?

Mit dem Recht auf Einschränkung der Verarbeitung nach Art. 18 DSGVO kann die betroffene Person verlangen, dass die sie betreffenden personenbezogenen Daten, abgesehen von der Speicherung, **nicht mehr weiterverarbeitet werden**. Eine Verarbeitung darf nur noch erfolgen, wenn die betroffene Person **einwilligt** oder die Datenverarbeitung zur Geltendmachung, Ausübung oder Verteidigung von **Rechtsansprüchen**, zum **Schutz der Rechte einer anderen Person** oder aus Gründen eines **wichtigen öffentlichen Interessens** notwendig ist. 489

Hat die betroffene Person ein Recht auf Einschränkung der Verarbeitung, so muss die Verantwortliche die **geeigneten Massnahmen** treffen. Dies kann bspw. bedeuten, dass die personenbezogenen Daten der betroffenen Person vorübergehend auf ein anderes Verarbeitungssystem übertragen werden, dass sie für Nutzerinnen gesperrt werden oder dass veröffentlichte Daten von der Webseite entfernt werden. 490

Damit die betroffene Person das Recht auf Einschränkung geltend machen kann, muss eine der folgenden Voraussetzungen erfüllt sein: 491
- Die **Richtigkeit** der personenbezogenen Daten wird von der betroffenen Person **bestritten** und zwar für eine Dauer, die es der Verantwortlichen ermöglicht, die Richtigkeit der Daten zu überprüfen.
- Die **Verarbeitung ist unrechtmässig**, die Verantwortliche lehnt aber die Löschung der Daten ab und nimmt stattdessen eine Einschränkung der Nutzung vor.
- Die Verantwortliche **benötigt die Daten nicht mehr zur Verarbeitung**, die betroffene Person benötigt sie aber zur Geltendmachung, Ausübung oder Verteidigung von Rechtsansprüchen.

Die betroffene Person hat **Widerspruch** gegen die Verarbeitung eingelegt, es steht aber noch nicht fest, ob die berechtigten Interessen der Verantwortlichen diejenigen der Betroffenen überwiegen. 492

VI. Was beinhaltet das Recht auf Unterlassung künftiger Datenbearbeitungen oder Bekanntgabe an Dritte (revDSG)?

Wenn Daten **entgegen dem ausdrücklichen Willen** der betroffenen Person **bearbeitet werden**, stellt dies unter anderem eine Persönlichkeitsverletzung dar. Betroffene haben folglich das Recht, gegen die Bearbeitung vorzugehen. Die betroffene Person muss unmittelbar zum **Ausdruck bringen, dass sie** 493 mit einer bestimmten Datenbearbeitung nicht einverstanden ist. Dies geschieht, wenn die betroffene Person der Verantwortlichen mitteilt, dass sie den Newsletter, den sie abonniert hat, nicht mehr erhalten möchte. Dies kann entweder durch eine Opt-out Möglichkeit oder durch die schriftliche Erklärung per E-Mail erfolgen.

494 Demgegenüber ist eine «stillschweigende» Willenserklärung nicht ausreichend. Es genügt nicht, dass die betroffene Person die Newsletter-E-Mails ignoriert. Das revDSG verweist in Art. 32 Abs. 2 auf die Klagen zum Schutz der Persönlichkeit. Neu werden im revDSG einzelne spezifische Ansprüche festgehalten. Die betroffenen Personen können verlangen,
- dass die Datenbearbeitung **verboten** wird
- und / oder dass die Bekanntgabe von Daten an Dritte untersagt wird.

495 Diese Aufzählung konkretisiert inbesondere die Unterlassungs- und Beseitigungsklage in Klagen auf Schutz der Persönlichkeit betreffend den Schutz der Persönlichkeit in Bezug auf den Datenschutz.

VII. Was beinhalten die Rechte auf Datenübertragbarkeit und -herausgabe und wann können sie angerufen werden?

Beispiel:

496 Eine Versicherungsnehmerin der Sicura Versicherungsgesellschaft AG verlangt die Übertragung ihrer Kundendaten auf eine andere Versicherungsgesellschaft zwecks Wechsel des Versicherers.

Lösung:

497 Die Sicura Versicherungsgesellschaft AG muss die Kundendaten für den Abschluss der neuen Versicherungspolice an die neue Versicherungsgesellschaft übertragen.

498 Mit den **Rechten auf Datenübertragbarkeit und -herausgabe (Art. 28 revDSG bzw. Art. 20 DSGVO)** hat eine betroffene Person neu die Möglichkeit, ihre Personendaten, welche sie einer privaten Verantwortlichen **bekanntgegeben hat**, in einem gängigen elektronischen Format (E-Mail, Downloadlink, USB-Stick) **heraus zu verlangen** oder einer **Dritten übertragen** zu lassen.

499 Die Voraussetzungen nach DSGVO sind, dass
- die betroffene Person ihre Personendaten bereitgestellt hat (d.h., die Person hat die Daten direkt ins System eingegeben oder die Daten wurden direkt bei der Person erhoben);
- die Daten **automatisiert** verarbeitet werden (d.h. digital, also ohne Papierakten) und

— dass die Daten mit der Einwilligung der betroffenen Person oder in unmittelbarem Zusammenhang mit einem Vertrag verarbeitet wurden.

Nach revDSG gelten als Personendaten, die die betroffene Person dem Verantwortlichen bekanntgegeben hat:
— Daten, die sie diesem wissentlich und willentlich zur Verfügung gestellt hat (d.h., die Person hat die Daten direkt ins System eingegeben oder die Daten wurden direkt bei der Person erhoben).
— Daten, die der Verantwortliche über die betroffene Person und ihr Verhalten im Rahmen der Nutzung eines Dienstes oder Geräts erhoben hat.

Personendaten, die vom Verantwortlichen **durch eigene Auswertung der bereitgestellten oder beobachteten Personendaten erzeugt werden**, gelten nicht als Personendaten, die die betroffene Person dem Verantwortlichen bekannt gegeben hat.

Das Recht kann grundsätzlich kostenlos geltend gemacht werden, ausser wenn die Herausgabe oder Übertragung mit einem unverhältnismässigen Aufwand verbunden ist.

Der Hauptzweck des Rechts auf Datenübertragbarkeit ist es, den Betroffenen die Möglichkeit zu geben, ihre Personendaten von einer Verantwortlichen **direkt an eine und andere Verantwortliche übermitteln** zu lassen.

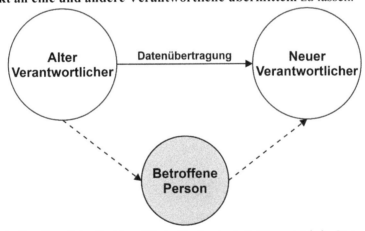

Abb. 4 – Der Vorteil des Rechts auf Datenübertragbarkeit. Die gestrichelte Linie stellt das alte Vorgehen dar. Die durchgezogene Linie stellt das Vorgehen unter der DSGVO bzw. dem revDSG dar.

So wird den betroffenen Personen einerseits **mehr Kontrolle** über ihre Daten verliehen, weil die Verantwortliche verpflichtet ist, diese weiterzugeben. Andererseits wird der Wettbewerb gefördert, weil es für die betroffenen Personen umständlicher wird, den Anbieter zu wechseln.

Beispiel:

505 | Frau Fuchs ist Patientin bei der Arztpraxis von Dr. Schmid. Die Arztpraxis von Dr. Schmid ist altmodisch und führt die Krankengeschichten in Papierform. Frau Fuchs ist nicht zufrieden mit den Leistungen von Dr. Schmid und wechselt daher zur Arztpraxis von Dr. Fischer.

Beispiel 2:

506 | Frau Moser hat eine Kreditkarte bei der Kreditkarten AG. Aufgrund der tieferen Gebühren möchte sie zur Geldregen AG wechseln, welche ebenfalls Kreditkarten anbietet. Damit sie nicht alle ihre Daten (Personalien, Einkommensverhältnisse etc.) wieder bei der Geldregen AG neu angeben muss, macht sie bei der Kreditkarten AG ihr Recht auf Datenübertragbarkeit geltend. Beide Unternehmen verarbeiten diese Daten in digitaler Form.

Lösung:

507 | Frau Fuchs kann sich nicht auf ihr Recht auf Datenübertragbarkeit berufen, da dieses nur für Verarbeitungen gilt, welche automatisiert erfolgen. Datenverarbeitungen in Papierform sind nicht erfasst.

Lösung 2:

508 | Die Kreditkarten AG ist verpflichtet, die Daten von Frau Moser an die Geldregen AG zu übertragen. Dank ihrer erhöhten Kontrolle über ihre Daten, konnte Frau Moser unkompliziert die Anbieterin ihrer Kreditkarte wechseln.

509 *Das Recht auf Datenübertragbarkeit kann für Unternehmen einen zusätzlichen administrativen Aufwand bedeuten. Es ist allerdings schwierig abzuschätzen, wie häufig betroffene Personen von diesem Recht Gebrauch machen werden. Unternehmen, die häufig mit solchen Anfragen konfrontiert sind, sollten entsprechende Prozesse definieren und die technischen Möglichkeiten schaffen, damit solche Anfragen möglichst automatisch verarbeitet werden können.*

VIII. Was beinhaltet das Widerspruchsrecht und wann kann es angerufen werden?

510 Das Widerspruchsrecht nach DSGVO gibt der betroffenen Person die Möglichkeit in den Fällen der Datenverarbeitung, die auf **allgemein gefassten Rechtsgrundlagen** beruht, die weitere Datenverarbeitung durch die Verantwortliche zu verhindern, indem die besondere Situation der betroffenen

Person berücksichtigt wird. Das Widerspruchsrecht kommt nur für Datenverarbeitungen in den folgenden drei Fallkonstellationen zur Anwendung:
- aufgrund der Rechtsgrundlage der Wahrnehmung einer **öffentlichen Aufgabe** (Art. 6 Abs. 1 lit. e DSGVO) oder der **berechtigten Interessen** der Verantwortlichen (Art. 6 Abs. 1 lit. f DSGVO);
- zum Zwecke der **Direktwerbung;**
- zu wissenschaftlichen oder historischen Forschungszwecken oder zu statistischen Zwecken.

§ 7 Rechte der Betroffenen

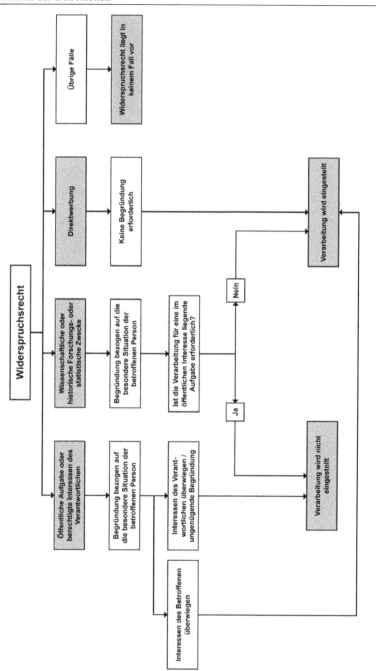

Abb. 5 – Widerspruchsrecht

1. Widerspruch gegen Datenverarbeitung in Wahrnehmung einer öffentlichen Aufgabe oder der berechtigten Interessen der Verantwortlichen

Erfolgt die Datenverarbeitung aufgrund der Rechtsgrundlage 511
- der **öffentlichen Aufgabe** oder
- der **berechtigten Interessen**

der Verantwortlichen, steht der betroffenen Person das Widerspruchsrecht zu, wenn sie sich in einer **besonderen Situation** befindet.

Die betroffene Person muss die **Gründe** für den Widerspruch, die sich aus 512 ihrer besonderen Situation ergeben, geltend machen und darlegen. Die Gründe müssen sich auf die besondere Situation der betroffenen Person beziehen und müssen **aufzeigen, warum es sich um eine spezielle Konstellation handelt, in der die Datenverarbeitung** aufgrund der gesetzlichen Rechtsgrundlage für die betroffene Person **nicht angemessen** ist. Es genügt nicht, wenn bloss allgemeine Bedenken bspw. gegen die berechtigten Interessen der Verantwortlichen vorgebracht werden.

Wurde durch die betroffene Person Widerspruch eingelegt, muss die Verantwortliche die Datenverarbeitung **einstellen**, es sei denn sie kann einen der folgenden Gründe für eine Weiterverarbeitung geltend machen: 513
- **Überwiegende zwingende schutzwürdige Gründe**: Bei diesen Gründen muss es sich nicht um Interessen der Verantwortlichen handeln, ausreichend ist auch eine Verarbeitung im Interesse Dritter. Schutzwürdig sind die Gründe, wenn sie von einer Rechtsordnung der Mitgliedstaaten der EU anerkannt sind. Zwingend sind die Gründe, wenn die Verarbeitung der Daten nicht auf eine andere Weise möglich ist. Die Gründe müssen zudem überwiegend sein, das heisst es muss zu einer Interessenabwägung zwischen den Interessen, Rechte und Freiheiten der betroffenen Person und den Interessen der Verantwortlichen an der Datenverarbeitung kommen. Nur wenn letztere überwiegen, muss dem Widerspruchsrecht nicht nachgekommen werden. Die Verantwortliche muss die überwiegenden Interessen nachweisen.
- **Geltendmachung, Ausübung oder Verteidigung von Rechtsansprüchen**: Nicht notwendig ist, dass die Daten für ein gerichtliches Verfahren benötigt werden. Ausreichend ist auch ein aussergerichtliches Verfahren.

2. Widerspruch bei Direktwerbung

514 Beim Widerspruch gegen die Datenverarbeitung zur Direktwerbung muss die Betroffene **keine Gründe angeben** und es kommt auch zu **keiner Interessenabwägung**. Der Widerspruch genügt, damit die Verarbeitung der Personendaten der betroffenen Person eingestellt werden muss. Wird die Verarbeitung fortgeführt, ist diese widerrechtlich.

515 Bei der Direktwerbung wird die betroffene Person unmittelbar angesprochen bspw. durch Zusendung von Briefen oder Katalogen, durch Telefonanrufe, E-Mails oder per SMS. Nicht notwendig ist, dass die Werbung kommerzieller Natur sein muss. Die Grundsätze gelten auch für Werbung zu ideellen oder politischen Zwecken.

3. Widerspruchsrecht bei Verarbeitung zu Forschungszwecken oder zu statistischen Zwecken

516 Die betroffene Person kann nur gegen die Verarbeitung der sie betreffenden Personendaten Einspruch einlegen. Sie muss zudem Gründe geltend machen können, die sich aus ihrer besonderen Situation ergeben.

4. Ausübung des Widerspruchsrechts

517 Die DSGVO schreibt keine Form für die Ausübung des Widerspruchsrechts vor. Die betroffene Person kann den Widerspruch somit **auf mehrere Arten geltend machen**. Die Verantwortliche hat die diesbezüglichen Voraussetzungen zu schaffen (bspw. Adresse und E-Mail angeben). Die Verantwortliche sollte dafür sorgen, dass die Anträge auch **elektronisch** gestellt werden können, insbesondere, wenn mit der betroffenen Person elektronisch kommuniziert wird.

518 *Die Ermöglichung des Widerspruchsrechts hängt primär von der konkreten Datenverarbeitung und der verwendeten Technologien ab. Wird bspw. Google Analytics verwendet, müssen den Betroffenen entsprechende Links in der Datenschutzerklärung zur Verfügung gestellt werden, mit denen Sie sich dem Tracking entziehen können. Dabei wird aus praktischen Gründen nicht geprüft, ob der Widerspruch im Einzelfall aufgrund der besonderen Situation der betroffenen Person gerechtfertigt ist. Vielmehr wird diese Option allen Betroffenen zur Verfügung gestellt.*

5. Hinweispflicht auf das Widerspruchsrecht

Auf das Widerspruchsrecht gegen die Datenverarbeitung in Wahrnehmung von öffentlichen Interessen oder berechtigter Interessen der Verantwortlichen, bei Direktwerbung und bei der Verarbeitung zu Forschungszwecken oder statistischen Zwecken **muss die betroffene Person hingewiesen werden** (Art. 21 Abs. 5 DSGVO). Diese Hinweispflicht ergänzt die allgemeinen Informationspflichten (vgl. vorne § 6).

519

Der Hinweis muss bei den zutreffenden Datenverarbeitungen ausnahmslos gemacht werden und hat grundsätzlich in **getrennter Form** zu erfolgen. Nach unserer Ansicht genügt es aber, wenn das Widerspruchsrecht **optisch besonders hervorgehoben** wird (vgl. vorne § 6).

520

Prüfen Sie, ob für Datenverarbeitungen aufgrund der Rechtsgrundlage der berechtigten Interessen der Verantwortlichen das Widerspruchsrecht in der Datenschutzerklärung optisch hervorgehoben ist (vgl. vorne § 6). Falls Sie Werbung per Post versenden, achten Sie darauf, dass ein Hinweis enthalten ist, dass die Betroffenen zukünftigen Sendungen widersprechen können (der Widerspruch wird am besten in mehrfacher Form zugelassen bspw. postalisch, per E-Mail und telefonisch). Versenden Sie Werbung mittels E-Mail, muss den Betroffenen ein Abmeldelink zur Verfügung gestellt werden.

521

§ 8. Anforderungen an die Unternehmensstruktur

522 Die Regeln der DSGVO und des revDSG stellen Unternehmen vor Herausforderungen, welche sich auch auf die Unternehmensstruktur auswirken. Eine sinnvolle Umsetzung muss deshalb bereits hier ansetzen und die Pflichten der DSGVO und des revDSG **in der Unternehmensstruktur berücksichtigen**.

523 Zur Umsetzung der gesetzlichen Pflichten müssen unter Umständen neue Positionen im Unternehmen geschaffen oder bezeichnet werden. Es müssen je nach dem Prozesse definiert und umgesetzt sowie die **IT-Sicherheit** den Anforderungen aus den anwendbaren Bestimmungen angepasst werden. Der grösste Brocken betrifft die IT-Sicherheit, welche den Schwerpunkt dieses Kapitels bildet.

524 Auch wenn der Begriff Unternehmensstruktur darauf hindeutet, dass sich die Anforderungen nur an grössere Unternehmen richten, so gelten die Grundsätze dieses Kapitels für alle Unternehmen, auf welche die DSGVO oder das revDSDG anwendbar sind. Grundsätzlich gehen sowohl die DSGVO wie auch das revDSG von einem risikobasierten Ansatz aus und stellen dort höhere Anforderungen, wo mehr Risiken bestehen. Die grösse des Unternehmens ist somit nicht der entscheidende Faktor und die Pflichten gelten abhängig von den Risiken auch für Kleinstunternehmen. Selbst bei einem Ein-Mann-Betrieb verlangt die Umsetzung der gesetzlichen Pflichten zumindest eine Überprüfung der IT-Struktur.

I. Zu schaffende Positionen und Verantwortungsbereiche

1. Allgemeines

525 Weder die DSGVO noch das revDSG schreiben den Unternehmen im Grundsatz eine bestimmte Struktur oder bestimmte zu schaffenden Positionen vor. Die einzige Ausnahme hiervon ist der Datenschutzbeauftragte, welcher unter bestimmten Voraussetzungen nach der DSGVO vorgeschrieben ist. Das revDSG sieht keine entsprechende Pflicht des Datenschutzbeauftragten vor, schafft aber die Möglichkeit einen Datenschutzberater (vgl. hinten I., 3.) zu bestellen, der gewisse Befugnisse hat. Die gesetzlichen Vorgaben stellen Anforderungen und schaffen diverse Pflichten für Unternehmen, überlassen ihnen jedoch bei der Umsetzung einen grossen Freiraum.

526 In den meisten Fällen empfiehlt es sich unternehmensintern zumindest einen **Zuständigen für Datenschutzfragen** zu definieren. Bei Ein-Mann-Betrieben stellt sich die Frage der Zuständigkeit für den Datenschutz nicht. In allen ande-

ren Fällen sollte vereinbart werden, wer dafür zuständig ist. Das unternehmensinterne Definieren der Zuständigkeit für Datenschutzthemen bedeutet nicht automatisch, dass derjenige ein Datenschutzbeauftragter im Sinne der DSGVO oder ein Datenschutzberater im Sinne des revDSG sein muss. Ein Zuständiger im Sinn dieses Kapitels ist jemand, der sich unternehmensintern um Datenschutz kümmert, wogegen der Datenschutzbeauftragte oder Datenschutzberater auch gegen aussen als solcher bekanntgegeben wird und auftritt.

Wenn kein Zuständiger definiert wird, läuft das Unternehmen Gefahr, dass die Datenschutzthematik vernachlässigt und damit gegen Gesetze verstossen wird oder es kümmern sich mehrere Personen in einer unkoordinierten Weise darum, was in der Regel auch nicht zu einer effizienten und gesetzeskonformen Umsetzung führt. Die Konsequenzen eines Verstosses gegen die DSGVO können für Unternehmen durchaus schwer wiegen und bei Verstössen gegen das revDSG kann es sogar zu persönlichen Konsequenzen für einzelne Mitarbeiter kommen (vgl. hinten § 9). Insbesondere im Hinblick auf die Erfüllung der Rechenschaftspflicht (vgl. vorne § 2, II., 8.) bietet die Definition eines Zuständigen Vorteile. Einerseits ist damit klar, wer um die Erfüllung der Rechenschaftspflicht besorgt sein muss, andererseits kann die Definition eines Zuständigen bereits Teil der unternehmensinternen Umsetzung der gesetzlichen Anforderungen sein, welche das Unternehmen im Rahmen der Rechenschaftspflicht darlegen muss. 527

Die Aufsichtsbehörde wird grundsätzlich immer die Unternehmensleitung ansprechen. Datenschutz ist, wie auch andere gesetzliche Pflichten, Chefsache. Die Verantwortung für die Einhaltung der Datenschutzgesetzgebung liegt letztendlich bei der Unternehmensführung, selbst wenn weitere unternehmensinterne Verantwortliche benannt werden. Die Unternehmensleitung kann sich von dieser Verantwortung weder durch das Bestimmen eines Zuständigen noch durch das Berufen eines Datenschutzbeauftragten entziehen. 528

2. Datenschutzbeauftragter nach DSGVO

Die DSGVO benennt in Art. 37 Bedingungen, bei deren Erfüllung das Unternehmen einen Datenschutzbeauftragten berufen muss. Das revDSG kennt keine solche Pflicht, es kann aber ein Datenschutzberater eingesetzt werden (vgl. hinten I., 3.) Die genauen Voraussetzungen sind zwar in Art. 37 DSGVO festgeschrieben, lassen jedoch Spielraum für Interpretationen. Wann diese Voraussetzungen erfüllt sind, können Sie dem nachstehenden Raster entnehmen. Zusammengefasst lässt sich sagen, dass nur Unternehmen deren **Kerntätigkeit mit der Bearbeitung von Personendaten** oder der **Überwachung von betroffenen Personen** zu tun hat, einen Datenschutzbeauftragten benennen müssen. 529

§ 8 Anforderungen an die Unternehmensstruktur

530 Unternehmen, die nicht verpflichtet sind einen Datenschutzbeauftragten zu benennen, dürfen freiwillig einen solchen einsetzen. Bei grossen Unternehmen kann dies durchaus Sinn machen, da die Aufgaben des Datenschutzbeauftragten sowieso wahrgenommen werden müssen. Für kleinere Unternehmen wird es in der Regel Sinn machen, unternehmensintern jemanden zu definieren, der sich um die Einhaltung der Datenschutzgesetze kümmert, diesen aber nicht offiziell als Datenschutzbeauftragten zu berufen.

Abb. 1 – Pflicht zur Einsetzung eines Datenschutzbeauftragten

Beispiel:

531 Ein kleines IT-Start-up mit fünf Mitarbeitern entwickelt spezielle Applikationen, welche es auf den Internetseiten ihrer Auftraggeber installiert und damit für ihre Auftraggeber das Verhalten derer Kunden auf deren Internetseite und im Internet im Allgemeinen analysiert. Das Start-up denkt, dass es aufgrund seiner kleinen Grösse keinen Datenschutzbeauftragten braucht.

Lösung:

532 Da die Kerntätigkeit des Unternehmens in der systematischen Überwachung von Personen liegt, muss das Unternehmen trotzdem einen Datenschutzbeauftragten benennen.

Die Benennung eines Datenschutzbeauftragten befreit das Unternehmen und dessen Führung nicht von der Verantwortung für die Einhaltung der Datenschutzgesetze.

533

a) *Was sind die Aufgaben des Datenschutzbeauftragten?*

Die DSGVO schreibt vor, welche Aufgaben der Datenschutzbeauftragte mindestens erfüllen muss (Art. 39 DSGVO).

534

– Er muss das Unternehmen und insbesondere dessen Führung **über die datenschutzrechtlichen Pflichten aufklären** und betreffend deren Umsetzung **beraten**. Er **überwacht** die Einhaltung der DSGVO und anderer anwendbarer Datenschutzgesetze (in der Schweiz ist dies das DSG) im Unternehmen. In diesem Zusammenhang schult und sensibilisiert er die an den Datenverarbeitungsvorgängen beteiligten Mitarbeiter und weist diesen Zuständigkeiten zu.
– Er **berät** bei und **überwacht** die Durchführung von **Datenschutzfolgeabschätzungen** im Unternehmen (vgl. hinten II., 2.).
– Für die Aufsichtsbehörde soll der Datenschutzbeauftragte die **erste Anlaufstelle** im Unternehmen sein und die Zusammenarbeit mit der Behörde aus Sicht des Unternehmens koordinieren und leiten.
– Neben der Behörde dürfen auch **betroffene Personen** den Datenschutzbeauftragten zu Rate ziehen. In diesem Fall agiert der Datenschutzbeauftragte wie eine Art interner Ombudsmann.

Die DSGVO sieht den Datenschutzbeauftragten als eine **interne Kontroll- und Beratungsstelle**. Diese soll idealerweise unabhängig agieren können, die internen Prozesse kontrollieren und bei deren Optimierung und Umsetzung helfen. Dies unter der Annahme, dass die internen Prozesse des Unternehmens grundsätzlich so laufen, dass die Verpflichtungen der DSGVO bereits darin umgesetzt werden und die Einhaltung der DSGVO grundsätzlich nicht vom Tagesgeschäft des Datenschutzbeauftragten abhängt. Sondern dieser als eine Art internes Kontrollsystem dazu kommt.

535

b) *Wer kann Datenschutzbeauftragter sein?*

Der Datenschutzbeauftragte kann ein **Mitarbeiter** des Unternehmens sein oder ein **externer Dienstleister**. Die beiden Varianten sind gesetzlich gleichgestellt. Selbstverständlich muss der Datenschutzbeauftragte berufliche Qualifikationen und das Fachwissen mitbringen, welches ihn befähigt seine Aufgaben wahrzunehmen. Dabei wird einerseits **rechtliche Kenntnis der Datenschutzgesetzgebung** erwartet und andererseits insbesondere **techni-**

536

§ 8 Anforderungen an die Unternehmensstruktur

sche Kenntnisse, welche ihn befähigen die Anforderungen umzusetzen oder zumindest die Umsetzung wirksam begleiten und überwachen zu können.

537 Wenn die Funktion durch einen Mitarbeiter des Unternehmens wahrgenommen wird, muss darauf geachtet werden, dass es zu keinen **Interessenkonflikten** kommt. Er darf grundsätzlich zusätzlich zu seiner Aufgabe als Datenschutzbeauftragter auch weitere Aufgaben im Unternehmen wahrnehmen. Dabei ist immer zu prüfen, ob es zu Interessenkonflikten kommt. Dies ist insbesondere dann der Fall, wenn die zusätzliche Aufgabe mit der Verarbeitung personenbezogener Daten im Unternehmen zusammenhängt, weil in so einem Fall der Datenschutzbeauftragte seine eigene Arbeit überprüfen müsste.

Beispiel:

538 Ein Unternehmen beruft seinen IT-Chef zum Datenschutzbeauftragten, weil dieser die Hauptlast bei der Umsetzung der Anforderungen der DSGVO trägt und die DSGVO relevanten Prozesse in seinem Tagesgeschäft abwickelt.

Lösung:

539 Dadurch muss der IT-Chef als Datenschutzbeauftragter seine eigene Arbeit überprüfen, was ihn in einen Interessenkonflikt bringt. Deshalb ist der IT-Chef nicht geeignet, um als Datenschutzbeauftragter eingesetzt zu werden.

540 In jedem Fall, unabhängig ob intern oder extern, muss der Datenschutzbeauftragte frühzeitig in alle mit dem Schutz personenbezogener Daten zusammenhängenden Fragen **einbezogen werden**. Er muss bei der Erfüllung seiner Aufgaben durch die Unternehmensleitung **unterstützt werden**. Insbesondere muss der Datenschutzbeauftragte über **ausreichend Ressourcen** verfügen, um seine Aufgaben erfüllen zu können und um an das benötigte Fachwissen zu gelangen. Daneben muss dem Datenschutzbeauftragten Zugang zu allen personenbezogenen Daten und den Verarbeitungsvorgängen gewährt werden.

541 Der Datenschutzbeauftragte darf bei der Ausübung seiner Aufgaben **keine Anweisungen** bezüglich der Ausübung dieser Aufgaben erhalten. Er darf nicht wegen der Ausübung seiner Tätigkeit abberufen oder benachteiligt werden. Damit soll sichergestellt werden, dass der Datenschutzbeauftragte seine Pflichten **unabhängig** wahrnehmen kann. Wichtig ist auch, dass der Datenschutzbeauftragte direkt der höchsten Managementstufe des Unternehmens berichtet.

542 Das Unternehmen muss der **Aufsichtsbehörde die Kontaktdaten des Datenschutzbeauftragten mitteilen** und diese Kontaktangaben auch veröffentlichen. Die Veröffentlichung der Kontaktangaben soll dazu dienen, dass sich Betroffene an den Datenschutzbeauftragten wenden können. Somit reicht eine einfache E-Mail Anschrift wie bspw. «datenschutz@unternehmen.com». Die

öffentliche Angabe des Namens oder der persönlichen Anschrift des Datenschutzbeauftragten ist nicht notwendig. Kommt es allerdings zu einer Datenschutzverletzung, so muss der Name des Datenschutzbeauftragen den Betroffenen und der Aufsichtsbehörde mitgeteilt werden (vgl. vorne § 6).

3. Datenschutzberater nach revDSG

Das revDSG sieht in Art. 10 die Möglichkeit der Ernennung eines Datenschutzberaters vor. Dieser gleicht dem Datenschutzbeauftragten der DSGVO. Allerdings gibt es keine Pflicht zur Ernennung eines solchen Datenschutzberaters und für ein Unternehmen bringt die Bestellung eines formellen Datenschutzberaters auch kaum Vorteile. Einzig bei der Durchführung einer Datenbearbeitung, welche trotz Datenschutzfolgeabschätzung ein hohes Risiko für die Betroffenen darstellt, kann auf die Vorlage an den EDÖB verzichtet werden, wenn der Datenschutzberater dies stattdessen prüft. 543

Will ein Verantwortlicher einen Datenschutzberater einsetzen, muss er folgende Voraussetzungen erfüllen: 544
– Sicherstellung der fachlichen Unabhängigkeit und Weisungsungebundenheit.
– Der Datenschutzberater führt keine Tätigkeit aus, die mit der Tätigkeit als Datenschutzberater **unvereinbar** sind. Der Datenschutzberater darf keinen **Interessenskonflikten** unterliegen, das heisst er darf nicht selber Entscheide fällen, die er in irgendeiner Form als Datenschutzberater überwachen muss.
– Der Datenschutzberater verfügt über das **notwendige Fachwissen**.
– **Veröffentlichung der Kontaktdaten** des Datenschutzberaters: Diese müssen dem EDÖB mitgeteilt und in der Datenschutzerklärung aufgeführt werden.

Bei kleineren und mittleren Unternehmen werden diese Voraussetzungen fast zwangsmässig darauf hinauslaufen, dass ein Datenschutzberater eine externe Person sein muss (was nach revDSG zulässig ist). 545

4. Weitere Positionen und Verantwortungsbereiche

Bei der Umsetzung im Geschäftsalltag stellt die DSGVO und auch das revDSG die grössten Anforderungen an die IT. Dementsprechend ist es unabdingbar die IT-Verantwortlichen in die Umsetzung der gesetzlichen Vorgaben 546

§ 8 Anforderungen an die Unternehmensstruktur

einzubeziehen. Weitere Vorschriften gehen jedoch diesbezüglich weder aus der DSGVO noch dem revDSG hervor.

II. Zu definierende Prozesse

547 Um den gesetzlichen Anforderungen gerecht zu werden, müssen im Unternehmen diverse Prozesse definiert werden. Dies insbesondere im Hinblick auf die Rechte von betroffenen Personen (vgl. vorne § 7) und auf die Rechenschaftspflicht (vgl. vorne § 2, II., 8.).

1. Verzeichnis der Verarbeitungstätigkeiten

548 Das Verzeichnis der **Verarbeitungstätigkeiten** (vgl. vorne § 4, III., 5.) kann als Grundlage für die Prozesse dienen. Auch wenn in der Regel nur Unternehmen mit mehr als 250 Mitarbeitern ein solches Verzeichnis führen müssen, empfiehlt es sich für alle Unternehmen dieses zumindest in rudimentärer Art zu führen. Dieses Verzeichnis bildet die Grundlage, um einen Überblick über die Datenverarbeitung im eigenen Unternehmen zu erlangen und somit auch über die Prozesse, welche sich aufgrund der gesetzlichen Pflichten aufdrängen. Das Verzeichnis kann bspw. in einem **Excel-Dokument** geführt werden und muss laufend aktualisiert werden.

549 Konkret enthält das Verzeichnis die folgenden Angaben:
– Zwecke der Verarbeitung
– Kategorien der betroffenen Personen (bspw. Kunden)
– Kategorien personenbezogener Daten (bspw. Adressdaten)
– Kategorien von Empfängern (bspw. Datenverarbeiter)
– Übermittlung von Daten an Drittländer

550 Nach dem revDSG sind **zusätzlich** folgende Angaben im Bearbeitungsverzeichnis aufzuführen:
– Die Identität des Verantwortlichen
– Wenn möglich die Aufbewahrungsdauer der Personendaten oder die Kriterien zur Festlegung dieser Dauer
– Wenn möglich eine allgemeine Beschreibung der Massnahmen zur Gewährleistung der Datensicherheit

551 Durch dieses Verzeichnis besteht ein Ausgangspunkt, um im Unternehmen, die in diesem Abschnitt empfohlenen Prozesse sinnvoll implementieren zu können.

2. Datenschutzfolgeabschätzung

Die DSGVO schreibt Unternehmen die Vornahme einer Datenschutzfolgeabschätzug vor, wenn einer der folgenden Fälle eintritt:
- Umfassende **Bewertung persönlicher Aspekte betroffener Personen**, wobei durch automatisierte Verarbeitung oder Profiling Entscheidungsgrundlagen geschaffen werden, **welche eine Rechtswirkung gegenüber der betroffenen Person entfalten** (bspw. automatisierte Bearbeitung von Kreditanträgen).
- Umfangreiche Verarbeitung besonders sensibler personenbezogener Daten.
- Systematische, umfangreiche Überwachung öffentlich zugänglicher Bereiche.

Im Weiteren können die zuständigen Behörden Listen mit Verarbeitungsvorgängen erstellen und veröffentlichen, welche eine Datenschutzfolgeabschätzung benötigen. Die Artikel-29-Datenschutzgruppe der EU hat hierzu einen Katalog von Risikofaktoren entwickelt. Im Normalfall sollt eine Datenschutzfolgeabschätzung durchgeführt werden, wenn zwei Risikofaktoren erfüllt sind[5].

Die Datenschutzfolgeabschätzung muss jeweils im Hinblick auf geplante oder neu dazukommende Verarbeitungstätigkeiten, die diese Kriterien erfüllen, getroffen werden. **Pro Verarbeitungsvorgang muss nur einmal vorgängig eine Datenschutzfolgeabschätzung gemacht werden**. Ähnliche Vorgänge können gemeinsam in einer Folgeabschätzung behandelt werden.

Der Zweck der Datenschutzfolgeabschätzung liegt darin, bei besonders hohen Risiken, diese vorgängig vertieft zu beurteilen und aus dieser Beurteilung Massnahmen abzuleiten, um die Risiken abzuschwächen. Der Verantwortliche soll sich damit beschäftigen, **welche konkreten Folgen die Verarbeitung für die Betroffenen haben kann** und dort wo möglich Massnahmen ergreifen um die Folgen zu lindern.

Die Datenschutzfolgeabschätzung muss inhaltlich mindestens die folgenden Punkte enthalten:
- Eine **Beschreibung der geplanten Verarbeitungsvorgänge**, einschliesslich der vom Verarbeiter verfolgten berechtigten Interessen.
- Bewertung der Notwendigkeit und Verhältnismässigkeit der Verarbeitungsvorgänge im Hinblick auf den Zweck.
- Bewertung der Risiken für die Rechte und Freiheiten der betroffenen Personen.
- Die zur Bewältigung der Risiken **geplanten Abhilfemassnahmen**, einschliesslich Garantien, Sicherheitsvorkehrungen und Verfahren.

---

[5] https://ec.europa.eu/newsroom/article29/items/611236

§ 8 Anforderungen an die Unternehmensstruktur

557   Mit dem revDSG wird ebenfalls das Instrument der Datenschutzfolgeabschätzung eingeführt. Eine Datenschutzfolgeabschätzung ist dann durchzuführen, wenn die Datenbearbeitung ihrer Natur nach ein hohes Risiko für die betroffene Person mit sich bringen kann. Das revDSG nennt dabei explizit zwei Fällen in denen dies vermutungsweise der Fall ist. Nämlich bei der umfangreichen Bearbeitung besonders schütztenswerter Personendaten oder wenn systematisch umfangreiche öffentliche Bereiche überwacht werden. Daneben kann aber in weiteren Fällen eine Datenschutzfolgeabschätzung notwendig sein, wobei sich das hohe Risiko insbesondere aus der Verwendung neuer Technologien oder aus der Art, dem Umfang, den Umständen und dem Zweck der Bearbeitung ergeben kann.

558   In der Datenschutzfolgeabschätzung sind folgende Punkte zu behandeln:
– **Das Vorhaben der Datenbearbeitungen ist zu beschreiben** (welche Daten werden von wem, wozu, wie und wo bearbeitet).
– **Das Risiko für die Persönlichkeit muss analysiert und beschrieben werden.** Dies geschieht im Normalfall durch die Beschreibung der negativen Folgen, welche die Bearbeitung für die betroffene Person haben kann. Das können verschiedene Auswirkungen sein, wie etwa physische (bspw. die Sicherheit einer Person ist aufgrund von Datenverlust gefährdet), materielle (bspw. Kreditkartenmissbrauch aufgrund Bekanntgabe der Daten) oder immaterielle (bspw., wenn Details zur Privatsphäre einer Person ungewollt bekanntgegeben).
– **Darlegung der organisatorischen Massnamen, welche die negativen Auswirkungen verhindern oder zumindest einschränken können.** Viele dieser Massnahmen werden bereits durch die Einhaltung des revDSG umgesetzt werden müssen und dienen hauptsächlich der Datensicherheit (vgl. hinten IV.).

559   Die Datenschutzfolgeabschätzung muss am Schluss Antwort darauf geben, ob trotz aller umgesetzten Massnahmen ein hohes Risiko für die betroffenen Personen besteht. Das Risiko muss dabei aufgrund der Eintrittswahrscheinlichkeit und Schadensschwere beurteilt werden. Sofern immernoch schwere negative Folgen für die betroffene Person eine hohe Eintrittswahrscheinlichkeit haben, ist von einem hohen Risiko auszugehen.

560   Kann ein hohes Risiko trotz aller Massnahmen nicht verhindert werden, muss das Vorhaben dem EDÖB zur Konsultation vorgelegt werden. Dieser muss es dann innerhalb von zwei oder maximal drei Monaten beurteilen und, sofern notwendig, weitere Massnahmen vorschlagen. Auf die Konsultation des EDÖB kann verzichtet werden, wenn ein Datenschutzberater eingesetzt wurde und die Datenschutzfolgeabschätzung stattdessen ihm vorgelegt wird.

III. Umsetzung in kleineren und grösseren Unternehmen

Für **grössere Unternehmen**, die im «Business-to-Consumer-Markt» tätig sind, ist es empfehlenswert die IT-Infrastruktur in einer Form anzupassen, die eine möglichst automatische Bearbeitung von Auskunfts-, Berichtigungs- und Löschungsbegehren sowie das Opting-Out aus der Verarbeitung und aus der automatisierten Entscheidfindung ermöglicht. Für diese Unternehmen bestehen dabei natürlich enorme interne Hürden um sicherzustellen, dass alle Systeme und Speicherorte abgefragt werden. Zusätzlich muss im Prozess sichergestellt werden, dass jeder Antragssteller identifiziert und damit ein Missbrauch verhindert werden kann. 561

Bei **kleinen und mittelgrossen Unternehmen** wird eine Automatisierung dieser Prozesse nicht notwendig sein. Hier reicht es aus, ein sauberes Verarbeitungsverzeichnis zu führen und darauf basierend die Prozesse festzuhalten sowie einen Zuständigen für die Bearbeitung zu definieren. Dann kann derjenige, der unternehmensintern für die Bearbeitung zuständig ist, bei Anfragen gemäss dem definierten Prozess vorgehen und diesen abarbeiten. 562

Die Meldung an die Behörde und die Information der betroffenen Personen sollten nicht automatisiert werden, da es hierbei immer um aussergewöhnliche Situationen geht, in welchen das Vorgehen sorgfältig evaluiert werden muss. Es sollten jedoch Voraussetzungen geschaffen werden, um diesen Verpflichtungen innert der vorgegebenen Zeit in einer effizienten Weise nachzukommen. 563

IV. Sicherheitsanforderungen für die Datenverarbeitung

Sicherheitslücken stellen eine offensichtliche Gefahr für den Schutz personenbezogener Daten dar. Ein durchdachtes Datensicherheitskonzept ist ein stabiles und erforderliches Fundament für wirksamen Datenschutz. Die DSG-VO wie auch das revDSG stellen daher konkrete Anforderungen an die Datensicherheit und sanktionieren allfällige Verstösse (vgl. hinten § 9) 564

§ 8 Anforderungen an die Unternehmensstruktur

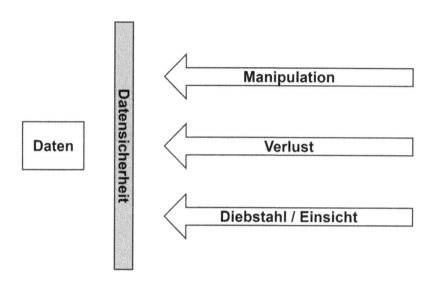

Abb. 2 – Die Datensicherheit ist das Schutzschild der Daten

565 *Effektiver Datenschutz ist nur mit ausreichender Datensicherheit möglich. Je besser die Datensicherheit gewährleistet ist, desto wirksamer ist der Datenschutz.*

1. Die Regelungen zur Datensicherheit

566 Das schweizerische und das europäische Datenschutzrecht verfolgen bei der Regulierung der Datensicherheit denselben Ansatz. Beide statuieren gesetzliche Schutzziele, an welchen sich die Datensicherheit ausrichten soll. Darunter fallen die **Vertraulichkeit**, **Verfügbarkeit** und **Integrität** aller Systeme und Prozesse, die bei jeglicher Datenverarbeitung eine Rolle spielen. Das schweizerische Datenrecht ergänzt diese Schutzziele noch um die **Nachvollziehbarkeit**.

567 Das revDSG an sich, regelt die Datensicherheit nur abstrakt und verweist auf die Verordnung zum revDSG (DSV). Diese ist Ende August 2022 definitiv beschlossen worden. Nun bleibt den Datenbearbeitenden eine einjährige Umsetzungsfrist. Im europäischen Datenrecht ist die Datensicherheit in der DSGVO geregelt. Diese Regelungen sind bereits in Kraft.

568 *Die Anforderungen des revDSG bzw. der DSV und der DSGVO an die Datensicherheit in Unternehmen stimmen praktisch miteinander überein. Die nachfolgenden Ausführungen richten sich zwar primär nach der DSV, den Anforderungen der DSGVO wird damit aber genauso genüge getan.*

2. Die Schutzziele

a) Technische und organisatorische Massnahmen

Um die Schutzziele zu erreichen werden die Datenbearbeitenden zu **technischen und organisatorischen Massnahmen** («TOMs») verpflichtet. Welche TOMs zu ergreifen sind, hängt von den spezifischen Datensicherheitsrisiken ab, die mit der Tätigkeit eines Unternehmens verbunden sind (**risikobasierter Ansatz**).

Zunächst ist der Schutzbedarf der Daten zu bestimmen. Dieser wird nach den folgenden Kriterien beurteilt:
- *die Art der bearbeiteten Daten (bspw. sind Gesundheitsdaten besonders schutzbedürftig)*
- *Zweck, Art, Umfang und Umstände der Bearbeitung (bspw., wenn systematisch öffentliche Bereiche überwacht werden ist der Schutzbedarf sehr hoch)*

Anschliessend ist ausgehend vom Schutzbedarf das Risiko für die betroffenen Personen zu beurteilen. Die entscheidenden Kriterien dafür sind:
- *die Ursachen des Risikos*
- *die hauptsächlichen Gefahren*
- *die bereits ergriffenen oder vorgesehenen Massnahmen, um das Risiko zu verringern*
- *die Wahrscheinlichkeit und Schwere einer Verletzung der Datensicherheit trotz der ergriffenen oder vorgesehenen Massnahmen.*

Es handelt sich dabei um eine Beurteilung nach einem Kaskadensystem. Zunächst wird die Ursache des Risikos festgestellt. Danach die hautpäschlichen Gefahren die von diesem Risiko ausgehen. Anschliessend muss untersucht werden, ob bereits ausreichende TOMs ergriffen oder vorgesehen wurde. Wenn nicht, müssen weitere TOMs ergriffen werden.

§ 8 Anforderungen an die Unternehmensstruktur

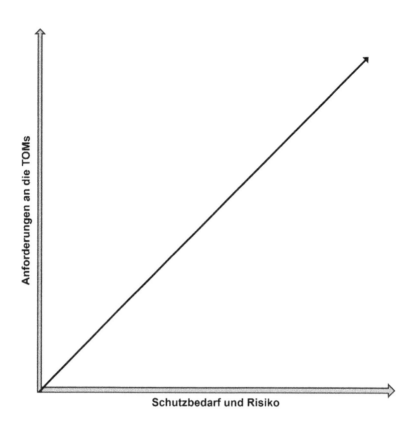

Abb. 3 – Je höher der Schutzbedarf und das Risiko sind, desto höher ist der Anspruch an die TOMs

573 *Natürlich können die Anforderungen an die TOMs nicht ins unendliche schiessen. Neben dem Schutzbedarf und dem Risiko müssen deswegen bei der Festlegung der erforderlichen TOMs Faktoren wie der Stand der Technik und die Implementierungskosten berücksichtigt werden.*

574 Bei der Implementierung von TOMs können Sie sich daher auf bereits bewährte Massnahmen stützen. Das Gesetz kann nicht verlangen, dass Sie brandneue und unerforschte Techniken einsetzten müsssen. Bei den Kosten ist nicht nur der finanzielle Aspekt massgeblich, sondern auch die personellen und zeitlichen Ressourcen.

575 Die TOMs sind über die gesamte Bearbeitungsdauer hinweg zu überprüfen und nötigensfalls anzupassen.

576 Auch hier gilt je höher der Schutzbedarf und das Risiko, desto häufiger sind die TOMs zu überprüfen.

b) Bedeutung der Schutzziele

Die Schutzziele dienen als **Grundsätze**, anhand derer die angemessene Datensicherheit gewährleistet werden soll. Sie sollen dabei helfen **geeignete Massnahmen** zu treffen, um Verstösse gegen die Datensicherheit präventiv zu vermeiden.

577

Es muss **nicht zwingend** jedes Schutzziel bei jeder Datenbearbeitung berücksichtigt werden. Ein Verzicht auf die Berücksichtigung muss aber stets vom Datenbearbeiter begründet werden können.

578

c) Vertraulichkeit

Das Schutzziel der **Vertraulichkeit** will den **Zugriff durch Unbefugte auf Personendaten** verhindern. Dieses Ziel wird erreicht, indem nur Berechtigte Personen Zugriff auf die Daten haben.

579

Der Kreis der berechtigten Personen wird durch den **Aufgabenbereich** der jewiligen Person bestimmt. Zudem sind der Inhalt und die Wichtigkeit der Daten zu berücksichtigen.

580

Die Zugriffbeschränkung muss auf allen Ebenen erfolgen. Die Daten sollen vor **physischen Zugriffen als auch vor digitalen Zugriffen** geschützt werden. Um dies zu erreichen sind folgende Unterziele umzusetzen:
- **Zugriffskontrolle** (Berechtigte Personen dürfen nur auf diejenige Daten Zugreifen, die sie zur Erfüllung ihrer Aufgaben benötigen)
- **Zugangskotrolle** (Nur berechtigte Personen haben Zugang in den Räumlichkeiten in denen die Daten bearbeitet werden)
- **Benutzerkontrolle** (Der Schutz vor Zugriffen auf die Daten durch Unbefugte ist sichergestellt)

581

Beispiel (Zugriffskontrolle):

Frau Fuchs hat einen Probearbeitstag in einer Anwaltskanzlei. Sie kann auf ihrem Computer auf alle Daten der Kanzlei zugreifen.

582

Lösung:

Hier muss eine TOM ergriffen werden. Beispielsweise könnte die Kanzlei Frau Fuchs an einen Computer setzen, bei dem sie nur die nötigsten Zugriffsrechte auf die Daten hat.

583

Beispiel (Zugangskontrolle):

Herr Schmid ist Metzger im Supermarkt. Im Pausenraum kann er die Bewebungsunterlagen der neuen Bewerber ohne weiteres auf dem Pausentisch einsehen.

584

§ 8 Anforderungen an die Unternehmensstruktur

Lösung:

585 | Hier muss eine TOM ergriffen werden. Beispielsweise müssten die Bewerbungsunterlagen gesondert aufbewahrt werden.

Beispiel (Benutzerkontrolle):

586 | Frau Moser ist Mitarbeiterin bei der Parfüm AG und kennt sich mit Computersicherheit nicht aus. Sie erhält eine dubiose E-Mail und klickt dennoch auf den Link in der E-Mail. Ein Virus, welcher dem Absender Zugriff auf alle Daten des Computers erlaubt, wird heruntergeladen.

Lösung:

587 | Hier muss eine TOM ergriffen werden. Beispielsweise müssten Mitarbeitende wie Frau Moser in Sachen Computersicherheit geschult und sensibilisiert werden.

d) Verfügbarkeit und Integrität

588 **Verfügbarkeit** bedeutet, dass die gespeicherten Daten bei Bedarf **jederzeit genutzt** werden können. Die Anforderungen an die Datensicherheit sind umso höher, desto eher die Information zur Erfüllung wesentlicher oder gesetzlicher Aufgaben ständig verfügbar sein muss.

589 Durch die **Integrität**, soll die **Richtigkeit der Daten** gesichert sein. Sie ist von besonderer Wichtigkeit, wenn die Daten für die Öffentlichkeit bestimmt sind oder wenn sie weiterverbeitet werden sollen.

590 Zur Sicherstellung der Vefügbarkeit und der Integrität sind folgende Ziele umzusetzen:
- **Datenträgerkontrolle** (unbefugte Personen sollen Datenträger nicht lesen, kopieren, verändern, verschieben, löschen oder vernichten können)
- **Speicherkontrolle** (unbefugte Personen sollen Personendaten im Speicher nicht speichern, lesen, ändern, löschen oder vernichten können)
- **Transportkontrolle** (Die Daten dürfen beim physischen und digitalen Versand nicht von Unbefugten eingesehen, verändert, vernichtet oder gelöscht werden)
- **Wiederherstellung** (Die Widerhersetllung der Daten muss zu jedem Zeitpunkt gewährleistet sein)
- **Systemsicherheit** (Jegliche Software muss stets auf dem neuesten Stand gehalten werden)

§ 8 Anforderungen an die Unternehmensstruktur

Beispiel (Datenträgerkontrolle)

| Herr Fischer arbeitet für die Sonnenbrillen AG in einem coworking-space. Regelmässig lässt er USB-Sticks mit Personendaten auf seinem Arbeitstisch liegen. | 591 |

Lösung:

| Hier muss eine TOM ergriffen werden. Herr Fischer sollte den USB-Stick zumindest immer mitnehmen und ihn im besten Fall per Passwort schützen. | 592 |

Beispiel (Speicherkontrolle):

| Herr Schmid ist der neue Kochlehrling bei der Hotel AG und darf auf einem PC der Administration mit vollem Zugriff auf die Hoteldaten seine Berichte für die Berufsschule schreiben. Aus Neugier öffnet er dabei eine Excelltabelle mit Kundendaten. Weil er sich nicht besonders gut damit auskennt, verändert er Kundenadressen und speichert die Änderung versehentlich ab. | 593 |

Lösung:

| Hier muss eine TOM ergriffen werden. Beispielsweise durch Zugriffbeschränkungen sollen die jeweiligen Nutzer nur diejenigen Daten einsehen und bearbeiten können, bei denen sie dazu berechtigt sind. | 594 |

Beispiel (Transportkontrolle):

| Frau Moser versendet für die Bilderrahmen AG regelmässig sensible Daten als E-Mail-Anhang an andere Unternehmen. | 595 |

Lösung:

| Das Versenden von sensiblen Daten als E-Mail-Anhänge ist regelmässig nicht sicher. Hier muss eine TOM ergriffen werden. Beispielsweise könnte Frau Moser einen sichereren Dienst nutzen, um die Daten zu versenden. | 596 |

Beispiel (Wiederherstellung):

| Frau Fuchs ist Rezeptionistin bei der Hotel AG. Als sie ausversehen Wasser über ihren Laptop leert, geht der Laptop kaputt und die Daten können nicht wiederhergestellt werden. | 597 |

Lösung:

| Hier muss eine TOM ergriffen werden. Beispielsweise hätte ein regelmässiges Backup, den Datenverlust weitgehend vermeiden können. | 598 |

e)   Nachvollziehbarkeit (nur DSV)

599   Die **Nachvollziehbarkeit** dient insbesondere der **Identifikation von unbefugten Zugriffen oder Missbräuchen**. Zudem sollen so alle weiteren datenschutzrelevanten Vorgänge dokumentiert werden, damit sie im Nachhinein nachvollzogen werden können.

600   Um dies zu erreichen sind folgende Unterziele umzusetzen:
Eingabekontrolle (diese soll sicherstellen, dass stets nachvollzogen werden kann, welche Personendaten zu welcher Zeit von welcher Person im automatisierten Datenbearbeitungssystem eingegeben oder veändert wurden)
Bekanntgabekontrolle (diese soll sichertsellen, dass stets nachvollzogen werden kann, welche Personendaten zu welcher Zeit an welche Person bekanntgegeben wurden)
Erkennung und Beseitigung (der Verantwortliche soll Datensicherheitsverletzung erkennen und rasch beseitigen bzw. deren Auswirkung vermindern)

Beispiel:

601 | Die Logistik AG Schweiz gibt regelmässig Personendaten an die Logistik AG Deutschland bekannt.

Lösung:

602 | Die Logistik AG Schweiz sollte jede Bekanntgabe protokollieren, damit diese jederzeit nachvollziehbar ist.

3.   Protokollierung und Bearbeitungsreglement (nur DSV)

603   Die Datenschutzverordnung zum revDSG (DSV) hat zwei grosse Neuerungen eingeführt, welche **grosse Auswirkungen** auf Schweizer Unternehmen haben könnten.

604   Dabei handelt es sich um die **Protokollierung** (Art. 4 DSV) und das **Bearbeitungsreglement** (Art. 5 DSV). Beide Regelungen verfolgen hauptsächlich den Zweck eine Art «accountability», also eine Rechenschaftpflicht, einzuführen.

605   Die Protokollierung verfolgt das Ziel, die Bearbeitungen von Personendaten **nachträglich überprüfbar** zu machen. So soll im Nachhinein festgestellt werden können, ob Daten abhandegekommen sind oder gelöscht, vernichtet, verändert oder offengelegt wurden. Zudem soll so sichergestellt werden können, dass Personendaten zweckkonform bearbeitet werden. Schliesslich geht

es auch darum, Lücken in der Datensicherheit ausfindig machen zu können und diese zu beseitigen.

Das Bearbeitungsreglement verfolgt hingegen das Ziel, die Datenbearbeitenden dazu zu verpflichten, **Rechenschaft zur gesetzeskonfomität ihrer Datenbearbeitungen abzulegen**. Im Bearbeitungsreglement müssen Unternehmen ausführlich darlegen, durch welche Massnahmen und Vorgehensweisen sie die Gesetzesbestimmungen des datenschutzrechts einhalten. Es muss insbesondere Angaben zur internen Organisation, zum Datenbearbeitungs- und Kontrollverfahren und zu den TOMs enthalten.

Die nachfolgenden Ausführungen basieren auf dem Gesetzestext des DSV. Gewisse Begriffe sind derzeit noch unklar und daher wird sich die tatsächliche Wirkung der Regelungen auf Unternehmen noch zeigen. Halten Sie sich in Bezug auf die Protokollierung und dem Bearbeitungsreglement auf dem Laufenden, zumal es höchstwahrscheinlich noch zu Änderungen kommen wird und ein Verstoss theoretisch mit einer Busse sanktioniert werden kann.

a) *Welche Unternehmen sind zur Protokollierung und zum Bearbeitungsreglement verpflichtet?*

Von den Regelungen zur Protokollierung und zum Bearbeitungsreglement sind Unternehmen bzw. Datenbearbeiter erfasst, welche **automatisierte Datenbearbeitungen** vornehmen, bei denen:

«Automatisiert» ist jede Form der Datenbearbeitung, die nicht von einem Menschen, sondern von einem elektronischen Gerät wie bspw. einem Computer vorgenommen wird.
– besonders schützenswerte Personendaten in grossem Umfang bearbeitet werden, oder;
– ein Profiling mit hohem Risiko durchgeführt wird.

Die Pflicht entfällt wenn (gilt nur für Protokollierung):
– **präventive Massnahmen** den Datenschutz im Unternehmen **gewährleisten** können.

Die tatsächliche Tragweite der Regelungen, also wie viele Unternehmen tatsächlich verpflichtet sein werden, ist derzeit noch **unklar**.

Fraglich ist insbesondere, wann ein Unternehmen besonders schützenswerte Personendaten «in grossem Umfang» bearbeitet und somit von den Regelungen erfasst wird. Wird bereits die kleine Dorfkirche vepflichtet sein, nur weil sie ihre Gemeindemitgliederliste in einer Excel-Tabelle speichert? Oder wird die Regelung nur grosse Unternehmen wie eine Gruppenpraxis mit grossem Einzuggebiet erfassen? Als mögliches Beispiel werden zwar medizinische

§ 8 Anforderungen an die Unternehmensstruktur

Forschungprojekte genannt. Aber auch dies, verschafft keinen Aufschluss. Es herrscht Unklarheit.

613 Zudem ist unklar, ab wann «präventive Massnahmen zur Gewährleistung des Datenschutzes» gegeben sind. In der Erläuterung zur DSV wurde vermekt, dass dies nur selten der Fall sein dürfte. Daher ist davon auszugehen, dass sich Unternehmen nur in Ausnahmefällen von der Protokollierungspflicht befreien werden können. Ein genauer Masstab liegt aber nicht vor, daher können hier keine konkreten Handlungsanweisungen bereitgestellt werden.

b) *Was beinhaltet die Protokollierungspflicht?*

614 Die Protokollierungspflicht verpflichtet betroffene Unternehmen dazu, ein **umfassendes Protokoll über dessen Datenbearbeitung** zu führen. Zumindest das Speichern, Verändern, Lesen, Bekanntgeben, Löschen und Vernichten der Daten soll protokolliert werden.

615 Insbesondere wenn ohne eine Protokollierung nicht festgestellt werden kann, ob die Daten zweckkonform bearbeitet wurden, ist die Erstellung eines Protokolls **erforderlich**.

616 Das Protokoll muss zudem über folgende **Eckdaten** Aufschluss geben:
- die Art;
- das Datum;
- die Zeit,
- die Identität der Person die die Bearbeitung vorgenommen hat, und;
- die Identität des Empfängers.

617 Alle diese protokollierten Daten müssen während **mindestens einem Jahr, getrennt vom System** in dem die Personendaten bearbeitet wurde, aufbwahrt werden. Diese Regelung macht grundsätzlich Sinn, weil sonst bei einem Cyberangriff auch das Protokoll manipuliert werden könnte.

618 In Unternehmen sollen ausschliesslich Systemadministratoren, also Personen mit einer Leitungsfunktion, auf das Protokoll zugreifen dürfen. Dies zum Zweck der Wiederherstellung der Datensicherheit (bpsw. Ausfindigmachen von Sicherheitlücken). Dabei dürfen die Daten nicht zur Überwachung der Nutzer verwendet werden, insbesondere wenn es sich dabei um Mitarbeiter des Unternehmes handelt.

619 *Die Umsetzung dieser Vorschrift kann unter Umständen mit einem grossen administrativen Aufwand verbunden sein. Wenden Sie sich bei Unsicherheiten an einen Experten.*

c)   *Was beinhaltet die Pflicht zur Führung eines Bearbeitungsreglements?*

Die betroffenen Unternehmen werden verpflichtet, ein Bearbeitungsreglement zu führen. Dieses beinhaltet insbesondere Angaben **zur internen Organisation, zum Datenbearbeitungs- und Kontrollverfahren und zu den Massnahmen zur Gewährleistung der Datensicherheit** (TOMs). 620

Die Datenbearbeiter sind verpflichtet das Reglement regelmässig zu aktualisieren und dem **Datenschutzberater zur Verfügung zu stellen**, insofern ein solcher ernannt wurde. 621

Das Bearbeitungsregelement ist als **Dokumentation oder Handbuch** auszugestalten. 622

Neben den oben genannten Inhalten sollen auch die **Funktionsweise und Architektur** der IT-Systeme im Reglement enthalten sein. Ausschweifende Ausführungen zu technischen Details sind aber nicht erforderlich. 623

4.   Allgemeine Massnahmen

Unabhängig der im Gesetz gegannten Massnahmen, gibt es allgemeine Massnahmen, welche stets ergriffen werden sollten. Dabei handelt es sich nicht um Massnahmen, die mit grossem Aufwand getroffen werden müssen. Oftmals können bereits **einfache Verhaltensregeln** und eine **Sensibilisierung** einen grossen Beitrag zur Erhöhung der Datensicherheit leisten. Wenn Sie diese Massnahmen umgesetzt haben, ist die wahrscheinlichkeit bereits sehr gross, dass sie die gesetzlichen Vorgaben erfüllen. 624

a)   *Risiken bestimmen und ihnen begegnen*

In Sachen Datensicherheit ist stets von einem **risikobasierten Ansatz** auszugehen. Das heisst, es soll analysiert werden, wo im Unternehmen Daten verarbeitet werden und welche Risiken dabei anfallen. Aufgrund dieser Analyse sind unternehmensspezifisch Massnahmen zu definieren und umzusetzen. 625

Typische **Risikofaktoren** für Unternehmen sind bspw.: 626
– Schlecht geschulte Mitarbeiter
– Unseriöse Drittanbieter
– Hacker und Betrüger
– Fehlende Passworthygiene
– Keine Zwei-Faktor-Authentisierung

§ 8 Anforderungen an die Unternehmensstruktur

- Veraltete Software
- Soft- und Hardwarefehler

627 Es ist zu beachten, dass bei der Risikobeurteilung zu Datenschutzzwecken nicht das wirtschaftliche Risiko für das Unternehmen, sondern die **mögliche Beeinträchtigung der Betroffenen** im Vordergrund stehen muss.

628 *Für die Priorisierung bei der Risikoanalyse macht es Sinn, pro Risiko jeweils die Eintretenswahrscheinlichkeit und das potentielle Schadensausmass abzuschätzen. Dadurch lassen sich die grössten Risiken herausfiltern.*

b) *Sensibilisierung und Schulung*

629 Ein Sicherheitssystem ist nur so stark, wie sein schwächstes Glied. Daher sollten alle Mitarbeitenden zum Thema Datensicherheit regelmässig geschult werden. Durch diese präventive Massnahme können Gefahren, welche von unerfahrenen oder naiven Mitarbeitenden ausgehen, weitgehend beseitigt werden.

630 Ein Mitarbeiter, welcher sensible Daten am Telefon verrät oder auf eine Phishing-Mail reinfällt, stellt eine Sicherheitslücke dar, welche durch Schulung leicht zu beseitigen ist.

631 *Schaffen Sie in Ihrem Unternehmen ein Bewusstsein für Datensicherheit. Wer auf die Datensicherheit achtet, soll nicht als Bünzli gelten, sondern als verantwortungsbewusster Mitarbeiter.*

c) *Regelmässige Updates*

632 Eine der grossen Herausforderungen für die Datensicherheit liegt darin, dass ein heute absolut sicheres System in drei Monaten aufgrund bekannt gewordener Sicherheitslücken von jedem durchschnittlich begabten Hacker überlistet werden kann.

633 Jedes System hat potentielle Sicherheitslücken und ist damit nur sicher, solange diese Lücken durch die Entwickler gefunden und geschlossen werden. Deshalb ist es unabdingbar, sich ständig über **Updates und Patches** zu den benutzten Systemen zu informieren und diese entsprechend zu aktualisieren. Dies ist bei grossen Unternehmen sicherlich Standard.

634 Es ist jedoch auch für kleine Unternehmen enorm wichtig, über Sicherheitslücken der eigenen Systeme informiert zu sein und die Herstellerhinweise zu befolgen. Sonst läuft man Gefahr, ein System mit gravierenden Sicherheitsmängeln im Internet zu betreiben und Angriffe womöglich nicht einmal zu bemerken.

Stellen Sie möglichst alle Softwares so ein, dass die Updates jeweils automatisch heruntergeladen werden. Insbesondere regelmässige Updates des Betriebssystems sind unabdingbar für die Datensicherheit.

d) Berechtigungsmanagement

Datensicherheit hat nicht nur mit der **Abwehr von Angriffen von aussen** zu tun, sondern auch mit dem **internen Umgang mit Daten** und den sich daraus ergebenden Risiken. Die internen Abläufe so zu organisieren, dass es nicht zu Datensicherheitsverletzungen kommt. Insbesondere sollen Personen, welche Zugang zu Personendaten haben, diese nur gemäss Anweisung des Unternehmens verarbeiten.

Für ein erfolgreiches **Sicherheitskonzept** ist ein gut gepflegtes **Berechtigungsmanagement** essentiell. Hierbei empfiehlt es sich jedem Mitarbeiter nur denjenigen Zugriff zu gewähren, welchen er unbedingt benötigt. Insbesondere sind individuelle Kennwörter zu vergeben, damit eine Vorgangsprotokollierung möglich ist. Die Vergabe von Administratorenrechten ist restriktiv und strikt kontrolliert zu handhaben.

Es ist klar festzulegen und zu dokumentieren, wer auf welche Daten für welchen Zweck Zugriff hat. Der Personenkreis, der Zugang zu den Daten hat, sollte zudem so klein wie möglich gehalten werden (insbesondere bei besonders schützenswerten Daten).

e) Starke Passwörter und Passworthygiene

Ein gutes Passwort enthält Gross- und Kleinbuchstaben, Zahlen und Sonderzeichen. Zudem sollte es keine echten Worte, Namen oder Geburtsdaten enthalten.

Nicht nur ein starkes Passwort ist wichtig, sondern auch die Passworthygiene. Diese erfordert:
- **Einzigartigkeit**: Jedes Passwort sollte einzigartig sein, also nur ein Mal verwendet werden. So kann sichergestellt werden, dass nur ein Login betroffen ist, wenn ein Passwort herausgefunden wird.
- **Keine Post-Its**: Kein Passwort sollte jemals aufgeschrieben und irgendwo im Büro aufbewahrt werden, inbesondere nicht an offensichtlichen Orten, wie am Bildschirmrand.
- **Verschwiegenheit**: Passwörter sollten niemals weitergegeben werden. Insbesondere über Messengerdienste oder per E-Mail sollten Passwörter nie erwähnt werden.

§ 8 Anforderungen an die Unternehmensstruktur

641 *Die meisten Menschen haben Mühe damit, sich viele einzigartige Passwörter zu merken. Passwortmanager wie LastPass verwalten Ihre Passwörter zentral. Sie müssen sich nur ihr Masterpasswort merken und sich stets über 2-Faktor-Authentisierung anmelden. Zudem können Sie ihre Logindaten sicher an Arbeitskollegen weitergeben. So wird die Passworthygiene wesentlich vereinfacht.*

f) Backups

642 Backups sind eine zentrale Sicherheitsmassnahme. Insbesondere zum Schutz gegen Ransomware und andere Störungen, die zu Datenverlust führen, ist es unumgänglich regelmässige Sicherungskopien zu erstellen.

643 Entscheidend ist bei Backups, dass diese **regelmässig** durchgeführt werden und die Medien auf denen, diese gespeichert werden, vom eigentlichen Firmennetz unabhängig und nicht damit verbunden sind. Die Backups sollten für längere Zeit gespeichert werden. Schadsoftware zeigt sich nicht immer sofort und kann dadurch in Backups mitgespeichert werden, weshalb es in so einem Fall wichtig ist, auch auf ältere Backups Zugriff zu haben.

644 *Backups sind unerlässlich für die Datensicherheit. Denken Sie dabei auch an die analogen Daten, diese sollten im Verlustfall ebenfalls wiederherstellbar sein (bspw. durch Kopien die digital oder in einem Archiv aufbewahrt werden).*

g) Verschlüsselung

645 In der Praxis empfiehlt es sich, in den folgenden Bereichen eine Verschlüsselung zu nutzen:
– **E-Mail**: Bei E-Mails gehört es mittlerweile zum Standard, dass diese einer End-to-End-Verschlüsselung unterliegen, das heisst, dass sie unterwegs Verschlüsselt sind aber der Empfänger sie ohne speziellen Schlüssel lesen kann. *Prüfen Sie mit Ihrem IT-Dienstleister ob das auch bei Ihnen der Fall ist. Sensible Daten sollten dennoch nicht über E-Mail versendet werden, sondern über Filehosting-Dienste wie Tresorit.*
– **Dateien, Dokumente und Nachrichten**: Auch der Inhalt einzelner Dateien kann verschlüsselt werden, ob dies notwendig ist, sollte nach der Risikoabschätzung im Unternehmen evaluiert werden. Wenn jedoch Personendaten über Cloud-Dienste verarbeitet werden, empfiehlt es sich diese vor dem Versenden zu verschlüsseln, da sonst der Cloud-Anbieter Zugang zu den Daten hat.

- **WLAN-Netze**: Wenn Sie ein WLAN-Netz betreiben und insbesondere, wenn Sie dies Gästen oder Kunden zur Verfügung stellen, müssen Sie einerseits das Netz durch WPA2 und einen 20-stelliges Passwort schützen und andererseits auch den WLAN-Router durch ein entsprechendes Passwort vor unbefugtem Zugang schützen.

h) *E-Mail-Kommunikation richtig verwenden*

In den meisten Unternehmen werden E-Mails täglich zur internen und externen Kommunikation verwendet. Dabei kommt es immer wieder zu Anwendungsfehlern, wodurch Nachrichten an falsche Empfänger versendet werden. Die klassischen Disclaimer in der Fusszeile, wonach die E-Mail zu löschen sei, falls man nicht der beabsichtigte Empfänger ist, stellen keine Sicherheitsmassnahme dar und sind überdies auch nicht besonders hilfreich. 646

Private E-Mail-Adressen sind Personendaten. Somit stellt die Bekanntgabe von E-Mail-Adressen rechtlich gesehen eine Datenübermittlung dar, für welche eine Rechtsgrundlage vorliegen muss. Diese Rechtsgrundlage wird oftmals durch einen Vertrag geschaffen und ergibt sich aus dem Zweck der Tätigkeit. Trotzdem gilt es insbesondere bei der Adressierung der E-Mails aufzupassen. Wenn ein Unternehmen seine Kunden zu einem Anlass einlädt und dabei ein E-Mail an all seine Kunden sendet, wobei alle E-Mail-Adressen im «An-Feld» eingegeben werden, ist dies eine unzulässige Datenübermittlung. Stattdessen muss in so einem Fall das «BCC-Feld» benutzt werden, damit nicht jeder Empfänger die E-Mail-Adressen sämtlicher Empfänger erhält. 647

Achten Sie darauf, dass immer, wenn E-Mails an mehrere Empfänger versendet werden, nur diejenigen E-Mail-Adressen offengelegt werden, die zulässig sind (bspw. aufgrund einer Einwilligung oder der Notwendigkeit zur Durchführung eines Vertrages, vgl. vorne § 3). Ansonsten sollte das «BCC-Feld» genutzt werden. Das Offenlegen von E-Mail-Adressen an Unbefugte durch das versehentliche Versenden von E-Mails mit mehreren Empfängern im «An-» oder «CC-Feld» ist bereits ein Verstoss gegen die DSGVO oder das revDSG, der Sanktionen zur Folge haben kann. 648

i) *Physischen Zugang erschweren*

Neben den digitalen Wänden und Hürden, die aufgebaut werden, um die eigenen Daten zu schützen, darf man nicht vergessen, auch den physischen Zugriff auf die Daten zu kontrollieren. 649

Ausserhalb der Bürozeiten sind die Räume meistens abgeschlossen, was in der Regel einen ausreichenden Schutz bietet. Während den Bürozeiten wird 650

§ 8 Anforderungen an die Unternehmensstruktur

jedoch der Datenschutz oftmals vernachlässigt. Auch in diesen Zeiten sollte sichergestellt werden, dass nicht jeder ohne weiteres Zugang zu den Büroräumlichkeiten hat und sich dort frei umsehen kann. Insbesondere Kunden, die sich nur umsehen oder alleine gelassen werden, während sie auf jemanden warten, können in dieser Zeit, bei fehlender Vorsicht, Daten einsehen. Auch dieser Art von unbefugtem Einblick in Personendaten ist soweit als möglich vorzubeugen.

651 Hier kann bspw. ein Rechtekonzept mit Ausweiskarten oder Sensorchips, welche die Türen aufsperren weiterhelfen.

652 *Hinterfragen sie kritisch Ihr physisches Sicherheitssystem und geben Sie sich erst zufrieden, wenn die Daten vor fremden Zugriffen sicher sind. Wenn nötig, ziehen Sie einen Experten bei.*

§ 9. Rechtsdurchsetzung und Sanktionen

Verstösse gegen das revDSG oder gegen die DSGVO können strafrechtlich verfolgt und mit Busse bestraft werden. Aufsichtsbehörden können ausserdem Massnahmen ergreifen, bspw. indem sie Auflagen für eine bestimmte Datenbearbeitung verfügen oder diese ganz verbieten.

I. Rechtsdurchsetzung unter dem revDSG

Die Schweiz fährt bei der Durchssetzung des revDSG **dreispurig**. Das revDSG kann in einem **öffentlichrechtlichen Verfahren** durch den EDÖB, in einem **strafrechtlichen Verfahren** durch die Staatsanwaltschaft bzw. die Strafgerichte oder im Rahmen eines **Klageverfahrens durch die Zivilgerichte** durchgesetzt werden.

Bei einem Verstoss können grundsätzlich alle drei Verfahren angestrebt werden, insofern die Voraussetzungen dafür gegeben sind.

1. Das öffentlichrechtliche Verfahren

Im öffentlichrechtlichen Verfahren wird das Ziel verfolgt, den **rechtmässigen Zustand wiederherzustellen**. Es wird vom EDÖB von Amtes wegen oder auf Meldung einer beliebigen Person eingeleitet.

Der EDÖB ist grundsätzlich verpflichtet, ein Verfahren einzuleiten, insofern genügend Anzeichen für eine Datenschutzverletzung vorliegen. Nur wenn es sich um einen Verstoss von geringfügiger Bedeutung handelt, kann der EDÖB von der Eröffnung eines Verfahrens absehen.

Ein Verstoss von geringfügiger Bedeutung wird inbesondere bei Bagatellfällen vorliegen oder wenn der EDÖB der Ansicht ist, dass eine Beratung des Verantowrtlichen genügt, um eine grundsätzlich unproblematische Situation zu beseitigen.

2. Untersuchung

659 Der erste Schritt im öffentlichrechtlichen Verfahren ist die Eröffnung einer Untersuchung durch den EDÖB. Im Rahmen dieser Untersuchung muss das betroffene Unternehmen seinen Mitwirkungspflichten nachkommen.

660 Bei Missachtung der Mitwirkungspflichten, ist der EDÖB befugt, folgendes anzuordnen:
- Zugang zu allen Auskünften, Unterlagen, Bearbeitungsverzeichnissen und Personendaten, die für die Untersuchung erforderlich sind;
- Zugang zu Räumlichkeiten und Anlagen;
- Zeugeneinvernahmen;
- Begutachtung durch Sachverständige.

661 Das Berufsgeheimnis bleibt vorbehalten.
Zur Unterstützung beim Vollzug der Anordnungen kann der EDÖB andere Bundesbehörden oder die Polizei beiziehen.

662 Wer dem EDÖB vorsätzlich falsche Auslünfte erteilt oder die Mitwirkung absichtlich verweigert, kann mit Busse bis zu CHF 250'000 bestraft werden.

a)   Verwaltungsmassnahmen

663 Hat der EDÖB im Rahmen seiner Untersuchung einen Verstoss festgestellt, so ist er befugt und dazu angehalten, Verwaltungsmassnahmen zu verfügen.

664 Der EDÖB kann nur von den Verwaltungsmassnahmen absehen, wenn das betroffene Unternehmen bereits während der Untersuchung die erforderlichen Massnahmen ergriffen hat, um den rechtmässigen Zustand wiederherzustellen bzw. die Datenschutzverletzung zu beheben. In diesem Fall gibt es lediglich eine Verwarnung.

665 Der EDÖB kann folgende Anordnungen erlassen:
- Vollständige oder teilweise Anpassung, Unterbrechung, Abbruch einer Datenbearbeitung und die Löschung oder Vernichtung von Personendaten.
- Aufschiebung oder Untersagung der Bekanntgabe von Personendaten ins Ausland
- Ernennung einer Vertretung in der Schweiz (betrifft nur ausländische Unternehmen)

Zudem kann der EDÖB das von der Untersuchung betroffene Unternehmen dazu anhalten:
- seinen Informationspflichten gegenüber dem EDÖB nachzukommen;
- seinen Informationspflichten gegenüber den betroffenen Personen nachzukommen;
- Anpassungen in Sachen Datensicherheit vorzunehmen;
- eine Datenschutz-Folgeabschätzung vorzunehmen;
- den EDÖB zu konsultieren;
- den EDÖB und allenfalls die betroffenen Personen bei einer Datensicherheitsverletzung zu informieren, und;
- seiner Auskunftspflicht nachzukommen.

Achtung: Diese Massnahmen kann der EDÖB in Verbindung mit einer Strafandrohung gemäss Art. 63 revDSG verfügen. Setzt das betroffene Unternehmen die Massnahmen absichtlich nicht um, stellt sich die Frage, wer die Busse von bis zu CHF 250'000 bezahlen muss. Dies werden in der Regel die Leitungspersonen des betroffenen Unternehmens sein.

b)   Beschwerde

Gegen die Verfügungen des EDÖB kann **Beschwerde beim Bundesverwaltungsgericht** eingereicht werden. Den Entscheid des Bundesverwaltungsgerichts können sowohl das betroffen Unternehmen als auch der EDÖB beim **Bundesgericht** anfechten.

Es kann nur Beschwerde gegen die Verfügung an sich erhoben werden. Wurde bereits eine Busse erteilt, so ist dagegen im Rahmen des Strafverfahrens vorzugehen.

3.   Das strafrechtliche Verfahren

Das strafrechtliche Verfahren verfolgt primär das Ziel, Verstösse zu sanktionieren. So sollen künftige Verstösse durch **Abschreckung** vermieden werden. Die Wiederherstellung des rechtmässigen Zustands spielt im Strafverfahren nur eine sekundäre Rolle.

Das Strafverfahren wird auf Anzeige einer betroffenen Person oder des EDÖB eingeleitet. Zuständig für die **Strafverfolgung ist die kantonale Staatsanwaltschaft**. Das Verfahren richtet sich gegen die für die Datenbearbeitung verantwortliche, **natürliche Person**.

§ 8 Anforderungen an die Unternehmensstruktur

a) Bussen der Schweizerischen Behörden

672 Mit der Revision des DSG wurden die Strafbestimmungen deutlich ausgebaut. Der maximale Bussenbetrag wurde von CHF 10'000 auf CHF 250'000 erhöht.

673 Diese Bussen werden nicht gegen Unternehmen verhängt, sondern **gegen diejenige Privatperson, die im Unternehmen für die Datenbearbeitung zuständig ist**. Eine direkte Verurteilung des Unternehmens kommt nur dann in Frage, wenn die verantwortliche Person nicht ausfindig gemacht werden kann und wenn die Busse unter CH 50'000 beträgt (Art. 64 Abs. 2 revDSG).

674 *Werden Daten durch ein Unternehmen bearbeitet, dann wird die Busse in der Regel gegen die Leitungspersonen (Kaderpersonen) des Unternehmens verhängt werden, da diese für die Einhaltung der Vorschriften des revDSG verantwortlich sind. Es ist aber auch denkbar, dass sich eine Busse gegen eine Person richtet, die nicht dem Kader angehört, wenn sie bspw. vorsätzlich eine falsche Auskunft an eine betroffene Person erteilt hat.*

675 *Es wird voraussichtlich nicht möglich sein, sich gegen Bussen zu versichern, da die meisten Versicherungen Vorsätzlichkeit auschliessen.*

Beispiel:

676 Die Verlag AG hat gegen ihre Auskunftspflicht verstossen, da die Mitarbeitenden nicht wussten, was sie mit den Auskunftsgesuchen anstellen sollen. Die Geschäftsführerin Frau Fuchs hat sich bewusst gegen eine Schulung der Mitarbeitenden in Sache Datenschutzrecht entschieden, weil ihr diese zu teuer war.

Lösung:

677 Frau Fuchs ist als Leitungsperson der Verlag AG in der Pflicht, ihre Mitarbeitenden zu Schulen und Prozesse zu etablieren, damit Auskunftsgesuche zuverlässig bearbeitet werden können. Diese Pflicht ist sie nicht nachgekommen. Daher ist Sie nach revDSG strafbar und muss mit einer Busse rechnen.

678 *Eine Busse kann immerhin nur dann verhängt werden, wenn die beschuldigte Person vorsätzlich gehandelt hat, also, wenn sie bewusst gegen das Datenschutzrecht verstossen hat oder einen Verstoss in Kauf genommen hat. Fahrlässige Verstösse haben keine Busse zur Folge.*

679 *Auch wenn eine Datenschutzverletzung nur fahrlässig geschehen ist, sollten Sie den Aufforderungen des EDÖB nachkommen. Eine vorsätzliche Verweigerung der Mitwirkungspflichten in einem Verfahren des EDÖB kann nämlich wiederum mit einer Busse sanktioniert werden.*

b)   Welche Handlungen sind nach dem revDSG strafbar?

Mit der Revision des DSG wurde nicht nur der Bussenrahmen erhöht, es wurden auch neue Straftatbestände geschaffen. Dabei ist stets eine Busse von maximal CHF 250'000 vorgesehen.

aa)   Informations-, Auskunfts-, und Mitwirkungspflichten

Eine Busse von bis zu CHF 250'000 droht bei der Verletzung von **Informations-, Auskunfts- und Mitwirkungspflichten** (Art. 60 revDSG).

Beispiel:

Frau Fuchs stellt ein Auskunftsgesuch an die Verlag AG. Die Verlag AG gibt zwar Auskunft, diese ist aber falsch. Die Verlag AG möchte damit verutschen, dass sie die Daten von Frau Fuchs an Dritte verkauft hat.

Lösung:

Die Austeilung einer Falschauskunft ist eine Verletzung der Auskunftspflicht und kann daher mit Busse bestraft werden.

Eine Besonderheit bei dieser Strafbestimmung ist, dass die Busse in Begatellfällen ausnahmsweise gegen das Unternehmen, anstatt gegen die verantwortliche Person verhängt werden kann. Wann genau ein Bagatellfall vorliegt, ist noch nicht klar.

bb)   Sorgfaltspflichten

Ebenfalls mit einer Busse von bis zu CHF 250'000 kann bestraft werden, wer bei der Bearbeitung von **Personendaten die Sorgfaltspflicht** verletzt (Art. 61 revDSG). Eine solcher Verstoss liegt insbesondere vor, wenn:
- Daten entgegen den Vorschriften des revDSG ins Ausland bekanntgegeben werden, oder;
- Datenbearbeitungen entgegen den Vorschriften des revDSG einer Auftragsbearbeiterin übergeben werden, oder;
- Die Mindestanforderungen an die Datensicherheit, die der Bundesrat in der DSV erlassen hat, nicht eingehalten werden.

Die Einhaltung dieser Sorgfaltspflichten liegt in der Verantwortung der Leitungspersonen eines Unternehmens. Eine Busse für einen Verstoss richtet sich daher in jedem Fall gegen die fehlbare Leitungsperson.

§ 8 Anforderungen an die Unternehmensstruktur

Beispiel:

687 Die Verlag AG schreddert ihre Akten nicht, sondern legt sie mit dem restlichen Altpapier jeden Donnerstag vor die Tür, um Kosten zu sparen. Regelmässig können alle Passantinnen die teils sehr sensiblen Daten einsehen.

Lösung:

688 Die Verlag AG hat gegen Vorschriften der Datensicherheit verstossen. Die Busse wird sich an eine Leitungsperson der Verlag AG richten, welche für die Datensicherheit zuständig ist, da diese ihrer Sorgfaltspflicht nicht nachgekommen ist. Die Pflichtverletzung ist dermassen gravierend, dass von einer Inkaufnahme der Datenschutzverletzung und damit von Vorsatz ausgegangen werden kann.

689 *Um Bussen zu vermeiden, sollten Sie stets darauf achten ihre Sorgfaltspflichten einzuhalten. Wenn nötig, holen Sie sich die Unterstützung von einer Informationssicherheitsexpertin.*

cc) Berufliche Schweigepflicht

690 Eine Busse droht ebenfalls bei Verletzungen einer **beruflichen Schweigepflicht (Art. 62 revDSG)**. Gewisse Personendaten werden vom revDSG und von anderen Gesetzen besonders geschützt, weil ein Geheimhaltungsinteresse an ihnen besteht (bspw. Arztgeheimnis, Anwaltsgeheimnis etc.). Wer solche Daten vorsätzlich offenbart wird nach dem revDSG mit Busse bis zu CHF 250'000 bestraft.

691 Von der Regelung sind nicht nur die geheimhaltungspflichtigen Personen erfasst (also bspw. die Ärztin oder die Anwältin), sondern auch diejenigen Personen, die für diese Personen arbeiten oder unter diesen ausgebildet werden. Ausserdem ist der Täterkreis nicht nur auf diejenigen Berufe beschränkt, die das Strafgesetzbuch nennt (Art. 321 StGB). Art. 62 revDSG spricht damit **jede berufstätige Person** an.

692 Die Regelung gilt auch nach Beendigung der beruflichen Tätigkeit, welche die Geheimhaltungspflicht begründet (bspw. die Bestimmung gilt für eine Ärztin auch nach ihrer Pensionierung weiter).

693 *Diese Regelung ist als Ergänzung zur bereits existierenden Regelungen im Strafgesetzbuch zu verstehen. In denjenigen Fällen, in denen das Strafgesetzbuch eine Verletzung nicht erfasst, wird die Strafbestimmung des revDSG massgeblich sein (Auffangtatbestand).*

dd) Missachtung von Verfügungen

Wer eine Verfügung des EDÖB vorsätzlich missachtet, kann ebenfalls mit einer Busse von bis zu CHF 250'000 bestraft werden (Art. 63 revDSG). Dies setzt allerdings voraus, dass **in der Verfügung auf diese Strafe hingewiesen wird** (sog. Strafandrohung). 694

So wird die Durchsetzung des Datenrechts für den EDÖB erleichtert (Vorteil des EDÖB). 695

Beispiel:

> Der EDÖB hat Datensicherheitsmängel bei der Verlag GmbH festgestellt. Per Verfügung fordert er die Verlag AG dazu auf die Mängel zu beheben. Bei einer Missachtung der Verfügung wird mit Verweis auf Art. 63 revDSG eine Busse von CHF 30'000 angedroht. 696

Lösung:

> Die Geschäftsführerin der Verlag GmbH muss dafür sorgen, dass die Datensicherheitsmängel rechtzeitig behoben werden. So kann sie verhindern, dass er die Busse von CHF 30'000.00 bezahlen muss. Auch hier muss die natürliche Person die Busse bezahlen und nicht das Unternehmen. 697

ee) Verjährung

Die Strafverfolgung für Verletzungen des Schweizerischen Datenschutzrechts verjährt nach **fünf Jahren.** Die Verjährungsfrist beginnt am letzten Tag, an dem die strafbare Handlung begangen wurde. Bei Unterlassungen am letzten Tag, an dem die Pflicht Unterlassen wurde. 698

c) *Wie wird die Bussenhöhe berechnet?*

In der Schweiz ist für die Bussenhöhe primär das **Verschulden der Täterin** massgeblich und sekundär die **wirtschaftliche Lage der Täterin**. Entscheidende Faktoren für das Verschulden sind: 699
– die Schwere der Tat;
– das Motiv der Tat;
– das Verhalten der Täterin während und nach der Tat
– persönliche Verhältnisse der Täterin wie der Familienstand, Beruf, Gesundheit und Bildungsstand.

700 Nachdem das Verschulden bemessen wurde, wird die Busse in einer Höhe verhängt, welche so hoch sein muss, dass die Täterin sie in einer finanziellen Intensität zu spüren bekommt, die ihrem Verschulden gleichkommt.

701 Werden mehrere Verstösse festgestellt, dann wird die Busse zwar erhöht, sie darf aber dennoch nicht den Maximalbetrag von CHF 250'000 überschreiten.

702 Wer die Busse nicht bezahlt oder nicht bezahlen will, hat die Möglichkeit eine Ersatzfreiheitsstrafe abzusitzen.

d)   Welche Rolle spielt der EDÖB im Strafverfahren?

703 Der EDÖB kann im Strafverfahren **als Privatkläger** auftreten. Das bedeutet, dass er Einstellungsverfügungen anfechten oder Berufung gegen kantonale Urteile einlegen kann. Er tut dies, um eine schweizweit einheitliche Anwendung des DSG zu fördern. Nichts unternehmen kann der EDÖB gegen einen Strafbefehl oder die Bussenhöhe selbst.

4. Das zivilrechtliche Verfahren

704 Das zivilrechtliche Verfahre verfolgt den Zweck, zivilrechtliche Ansprüche der betroffenen Person gegenüber dem fehlbaren Datenbearbeitenden geltend zu machen.

705 Im Zivilprozess kann die Klägerin (i.d.R. die betroffene Person) **Schadenersatz, Genugtuung und Gewinnherausgabe verlangen**, insofern ein solcher Anspruch besteht. Die Klägerin kann auch verlangen, dass eine Datenbearbeitung **ganz oder teilweise verboten** wird. Ausserdem kann sie die **Löschung bzw. Berichtigung ihrer Personendaten** verlangen.

II. Rechtsdurchsetzung unter der DSGVO

706 Im **Anwendungsbereich der DSGVO** sind die **Aufsichtsbehörden des jeweiligen Mitgliedstaates** für die Rechtsdurchsetzung zuständig. Sie sind berechtigt, selbstständig Bussen zu verhängen. Bussen in der Höhe von **bis zu 20 Mio. Euro oder 4% des Jahresumsatzes** der Verantwortlichen oder der Auftragsverarbeiterin sind möglich.

1. Befugnisse der Aufsichtsbehörden

Die DSGVO berechtigt die Aufsichtsbehörden nebst oder zusätzlich zur Verhängung von Bussen, geeignete Massnahmen zu verfügen, um Datenrechtsverletzungen zu beseitigen oder zu verhindern. Darunter fallen:

- **Untersuchungsbefugnisse**: Zu den Untersuchungsbefugnissen gehören bspw. die **Aufforderung zur Herausgabe von Informationen** oder ein **Hinweis** an die Verantwortlichen bzw. Auftragsverarbeiter über einen vermeintlichen Verstoss gegen die DSGVO. Anhand dieser Befugnisse sollen Behörden in der Lage sein, Datenschutzverletzungen **präventiv vorzubeugen**.
- Abhilfebefugnisse: Zu den Abhilfebefugnissen gehören bspw. eine Warnung an eine Verantwortliche, welche gegen die DSGVO verstösst, die Aufforderung einen DSGVO-widrigen Datenverarbeitungsvorgang in Einklang mit der DSGVO zu bringen oder die Einschränkung bzw. das Verbot einer Datenverarbeitung. Diese Befugnisse dienen der Wiederherstellung des rechtmässigen Zustands.

2. Bussen von Aufsichtsbehörden von Mitgliedstaaten der EU, Norwegen, Island und Liechtenstein

Die Höchstbussen sind in Euro und in Prozenten des letztjährigen weltweiten Jahresumsatzes angegeben, wobei die jeweils im konkreten Fall höhere Summe ausschlaggebend ist.

In den folgenden Fällen beträgt die **Höchstbusse 10 Mio. Euro oder im Falle eines Unternehmens 2% des weltweit erzielten Jahresumsatzes** des letzten Geschäftsjahres:

- Verstoss gegen weniger wichtige Pflichten der Verantwortlichen und Auftragsverarbeiterinnen Verstoss gegen Pflichten der Zertifizierungsstellen
- Verstoss gegen Pflichten der Überwachungsstelle

Die maximale Höhe der Busse beträgt **20 Mio. Euro oder 4% des weltweit erzielten Jahresumsatzes** des letzten Geschäftsjahrs bei Unternehmen, in folgenden Fällen:

- Verstösse gegen die Grundsätze der Verarbeitung, einschliesslich der Bedingungen für die Einwilligung
- Verstösse gegen die Rechte der Betroffenen
- Übermittlung von Daten an eine Empfängerin in einem Drittland oder an eine internationale Organisation unter Missachtung der dafür geltenden Bestimmungen
- Verletzung von Pflichten, die durch Mitgliedstaaten erlassen wurden im Bereich der besonderen Verarbeitungssituationen

- Missachtung einer Anweisung der Aufsichtsbehörde
- In weiteren Fällen, die das nationale Recht der Mitgliedstaaten vorsieht

711 Die Bussen der DSGVO richten sich gegen Unternehmen und nicht gegen ihre Mitarbeitenden. Die Mitgliedstaaten haben auch die Möglichkeit, Vorschriften über Bussen gegen öffentliche Stellen und Behörden zu schaffen.

712 Zudem ist zu beachten, dass das **nationale Recht** des Landes, in dem die Daten verarbeitet wurden, ebenfalls Sanktionsnormen für Datenrechtsverstösse enthalten kann.

713 *Ein Beispiel: Gemäss Art. 5 des liechtensteinischen Datenschutzgesetzes wird die Verletzung der Meldepflicht beim Einsatz von Videoüberwachung in öffentlich zugänglichen Räumen mit einer Busse bis zu CHF 5'000 geahndet.*

3. Welche Faktoren werden bei der Berechnung der Busse durch die Aufsichtsbehörden berücksichtigt?

714 Die konkrete Festlegung innerhalb des Bussgeldrahmens hängt nach DSGVO vom Einzelfall ab. Dabei muss die Aufsichtsbehörde berücksichtigen, dass die konkrete Busse **wirksam**, **verhältnismässig** und **abschreckend** ist.

715 In der Praxis bewegen sich die Bussen meist im Bereich zwischen 1'000 und 15'000 Euro. Bei sehr schwerwiegenden Verstössen sind aber auch Bussen im Bereich von mehreren Millionen Euro keine Besonderheit. Gegen Facebook wurde sogar ein Busse in Höhe von rund 4.5 Mia. Euro verhängt.

716 Folgende Kriterien werden von der DSGVO bei der Festlegung der Höhe der Busse berücksichtigt:
- Art, Schwere und Dauer des Verstosses
- Umfang oder Zweck der Verarbeitung
- Anzahl der von der Bearbeitung betroffenen Personen
- Ausmass des verursachten Schadens
- Vorsätzlichkeit oder Fahrlässigkeit des Verstosses
- Massnahmen zur Verminderung des entstandenen Schadens
- Grad der Verantwortung
- Getroffene technische und organisatorische Massnahmen
- Frühere Verstösse
- Kooperation mit der Aufsichtsbehörde
- Kategorien der betroffenen Daten
- Art und Weise des Bekanntwerdens des Verstosses, insbesondere Mitwirkung durch die Verantwortliche oder die Auftragsverarbeiterin
- Einhaltung von verordneten Massnahmen
- Einhaltung genehmigter Verhaltensregeln oder genehmigter Zertifizierungsverfahren

- Durch den Verstoss erlangte finanzielle Vorteile oder vermiedene Verluste
- Allfällige weitere erschwerende oder mildernde Umstände

4. Was kann gegen Beschlüsse der Aufsichtsbehörden getan werden?

Jede Person hat nach der DSGVO das Recht, gegen rechtsverbindliche Beschlüsse einer Aufsichtsbehörde Klage zu erheben. Eine Anfechtung ist nur möglich, wenn der angefochtene Beschluss Rechtswirkung gegen die klagende Person entfaltet. Die Klage muss im Mitgliedsstaat, in dem die betreffende Aufsichtsbehörde ihren Sitz hat, beim zuständigen Gericht eingereicht werden. Welches Gericht zuständig ist, bestimmt das nationale Verfahrensrecht des Mitgliedsstaats.

III. Welche Aufsichtsbehörde ist zuständig?

Wegen des internationalen Datenverkehrs stellt sich die Frage, welche Aufsichtsbehörde in welchem Land zuständig ist.

Die Zuständigkeit der Aufsichtsbehörde ergibt sich grundsätzlich nach dem Territorialprinzip. Das bedeutet, dass jede Aufsichtsbehörde jeweils für Datenverarbeitungen im Hoheitsgebiet ihres Staates zuständig ist.

1. Wie regelt die DSGVO die internationale Zuständigkeit?

Bei mehreren Niederlassungen eines Unternehmens oder grenzüberschreitender Datenverarbeitung ist **diejenige Aufsichtsbehörde «federführend», in deren Staat** die Verantwortliche oder die Auftragsverarbeiterin ihre **Hauptniederlassung** oder ihre einzige Niederlassung hat. «Federführend» bedeutet, dass die Aufsichtsbehörde für die Koordination zwischen den einzelnen Aufsichtsbehörden der Mitgliedsstaaten zuständig ist.

Ist durch eine grenzüberschreitende Verarbeitung nur eine Zweigniederlassung oder sind nur Personen im Staat, in welchem sich die Zweigniederlassung befindet, betroffen, bleibt die Aufsichtsbehörde im Staat der Zweigniederlassung zuständig. Sind Zweigniederlassungen in verschiedenen Staaten betroffen, so ist die Aufsichtsbehörde am Hauptsitz zuständig.

2. Wie regelt das revDSG die innerschweizerischen Zuständigkeiten?

722 Für **Datenverarbeitungen in der Schweiz** bzw. solche, die sich in der Schweiz auswirken, ist der EDÖB zuständig (Art. 3 revDSG).

723 Eine Ausnahme besteht dort, wo das **kantonale Datenschutzrecht** Anwendung findet. In den Kantonen gibt es **jeweils eigenständige Datenschutzaufsichtsbehörden**. Stand heute sind es 24. Appenzell-Ausserrhoden und Appenzell-Innerrhoden sowie die Kantone Obwalden und Nidwalden haben jeweils eine zuständige Aufsichtsbehörde.

724 Die **Städte Bern, Biel, Köniz, Steffisburg, Thun, Zürich, Uster und Winterthur** haben ebenfalls eigene Datenschutz-Aufsichtsstellen.

3. Was passiert, wenn ein Zuständigkeitskonflikt zwischen dem EDÖB und einer EU-Aufsichtsbehörde vorliegt?

725 Die DSGVO verpflichtet die Aufsichtsbehörden der EU-Mitgliedstaaten zur Zusammenarbeit mit den Aufsichtsbehörden ausserhalb der Union. Ziel ist es Mechanismen zur Zusammenarbeit zu entwickeln, die die internationale Amtshilfe erleichtern (Art. 50 DSGVO). Das revDSG ermächtigt den Bundesrat, Staatsverträge betreffend die internationale Zusammenarbeit zwischen Datenschutzbehörden abzuschliessen (Art. 67 revDSG).

726 Auf der rechtlicher Ebene ist also klar: Von Seiten der EU und auch von der Schweiz wird auf Zusammenarbeit zur gemeinsamen Amtshilfe gesetzt. Bisher fehlte aber der politische Wille ein handfestes Abkommen abzuschliessen, welches die Amtshilfe zwischen EU- und Schweizer Aufsichtsbehörden regelt. Damit bleibt abzuwarten, die der EDÖB Zuständigkeitskonflikten unter dem neuen Datenschutzrecht begegnen wird.

4. Praxisbeispiele

Beispiel:

Die Mepipe AG, mit Hauptsitz in der Schweiz, bietet verschiedene IT-Dienstleistungen an. Sie hat eine Niederlassung in der Schweiz und eine in Österreich.	727

Variante 1:

Das Angebot der Mepipe AG richtet sich ausschliesslich an Schweizer Kundinnen. Es werden auch nur Daten von Schweizer Kundinnen verarbeitet.	728

Lösung 1:

Die DSGVO ist nicht anwendbar. Nach dem Schweizerischen Datenschutzrecht ist die Schweizerische Aufsichtsbehörde (EDÖB) zuständig.	729

Variante 2:

Das Angebot der Mepipe AG richtet sich an Kundinnen aus aller Welt und es werden dementsprechend auch Daten von EU-Bürgerinnen verarbeitet. Durch einen Hackerangriff, welcher ausschliesslich die Server in der Schweiz betrifft, werden Daten von ausschliesslich deutschen Bürgerinnen gestohlen.	730

Lösung 2:

Die Aufsichtsbehörde in Österreich ist zuständig, insbesondere empfiehlt sich hier eine Meldung des Datendiebstahls durch die Mepipe AG an diese Aufsichtsbehörde. Aus Risikominimierungsgedanken könnte zudem der EDÖB benachrichtigt werden.	731

Variante 3:

Das Angebot der Mepipe AG richtet sich an Kundinnen aus aller Welt und es werden dementsprechend auch Daten von EU-Bürgerinnen verarbeitet. Durch einen Hackerangriff, welcher ausschliesslich die Server in der Schweiz betrifft, werden Daten von Bürgerinnen verschiedenster EU-Ländern gestohlen. Lösung: Die Aufsichtsbehörde in Österreich ist zuständig, da sich dort die einzige Niederlassung in der EU befindet.	732

Variante 4:

Das Angebot der Mepipe AG richtet sich an Kundinnen aus aller Welt und es werden dementsprechend auch Daten von EU-Bürgerinnen verarbeitet. Durch einen Hackerangriff, welcher sowohl die Server in der Schweiz, wie auch diese in Österreich betrifft, werden Daten von Bürgerinnen verschiedenster EU-Ländern gestohlen.	733

Lösung:

734 | Die Aufsichtsbehörde in Österreich ist zuständig, da sich dort die einzige Niederlassung in der EU befindet. Zudem müsste der EDÖB benachrichtigt werden, da auch die Daten von Schweizer Bürgerinnen betroffen sind.

IV. Wie kann Beschwerde bzw. Anzeige bei der Aufsichtsbehörde erhoben werden und was sind die Folgen?

1. Anzeige nach revDSG

735 Der EDÖB kann von Amtes wegen oder auf Antrag eine Untersuchung gegen fehlbare Personen einleiten, sofern genügend Anzeichen für eine mögliche Datenschutzrechtsverletzung vorliegen. Jede beliebige Person ist berechtigt, Anzeige zu erstatten.

736 Der EDÖB ist verpflichtet, die Anzeigeerstatterinnen über die unternommenen Schritte und über die Ergebnisse der Untersuchung **zu informieren**.

737 In Fällen von allgemeinem Interesse informiert der EDÖB die **Öffentlichkeit** über seine Feststellungen und Verfügungen.

738 *Dies dürfte insbesondere der Fall sein, wenn eine sehr grosse Zahl an Personen betroffen ist.*

2. Beschwerde nach DSGVO

739 Jede Betroffene, die eine Verletzung der DSGVO geltend machen will, hat ein Recht auf Beschwerde bei einer Aufsichtsbehörde.

740 Die Beschwerde kann bei den folgenden Aufsichtsbehörden erhoben werden:
– die des Mitgliedstaates des gewöhnlichen Aufenthalts der Betroffenen;
– die ihres Arbeitsplatzes, oder;
– die am Ort des mutmasslichen Verstosses.

741 Die angerufene Aufsichtsbehörde muss die Beschwerdeführerin regelmässig über den (Zwischen-)Stand und die Ergebnisse des Verfahrens informieren.

742 Alle Aufsichtsbehörden sind zudem verpflichtet, **Massnahmen zur Erleichterung der Einreichung einer Beschwerde zu treffen**, wie etwa die Bereitstellung eines Online-Beschwerdeformulars.

V. Inwiefern können Bussen von Aufsichtsbehörden der DSGVO gegen Schweizer Unternehmen durchgesetzt werden?

Schweizer Unternehmen sind nach Art. 27 DSGVO verpflichtet, eine Vertretung in der EU zu ernennen, sofern sie **nicht nur gelegentlich**:
- Waren und Dienstleistungen an Personen anbieten, die sich in der EU, Norwegen, Island oder Liechtenstein aufhalten, oder
- Daten über das Verhalten solchen Personen beobachten.

743

Dies liegt an der «extraterritorialen Wirkung» der DSGVO. Die DSGVO wirkt auch gegenüber Unternehmen aus Drittstaaten, wenn sie bspw. Waren oder Dienstleistungen an Personen anbieten, dies ich in der EU aufhalten. Die Vertretung dient den EU-Aufsichtsbehörden sowie den betroffenen Personen als Ansprechperson und als Zustelldomizil für Verfügungen.

744

Eine solche Vertretung muss keine Tochtergesellschaft sein, es kann sich dabei auch um eine externe Dienstleisterin handeln, welche die Vertreterposition gewerbsmässig anbietet.

745

Schweizer Unternehmen müssen bei DSGVO-Verstössen mit einer höheren Busse rechnen, wenn sie keine Vertretung ernannt haben.

746

Wird trotzdem keine Vertretung ernannt, dann können allfällige Bussen höchstwahrscheinlich nicht vollstreckt werden, da die gesetzlichen Voraussetzungen für die Rechtshilfe nicht gegeben sind (insbesondere, weil viele Datenschutzverstösse unter der DSGVO unter dem revDSG gar nicht strafbar sind und weil die Bussen der DSGVO das Höchstmass der Strafbarkeit nach dem revDSG überschreiten).

747

§ 10. Checklisten DSGVO/revDSG-Konformität

I. Vorfrage

Vorfrage
Hat Ihr Unternehmen, Ihre Stiftung oder Ihr Verein: – eine Niederlassung in der EU, Norwegen, Island oder Liechtenstein;   – bietet es Waren oder Dienstleistungen an Personen an, die sich in der EU, Norwegen, Island oder Liechtenstein aufhalten; oder   – werden Daten über das Verhalten von Personen aus der EU, Norwegen, Island oder Liechtenstein gesammelt?
Falls ja, weiter zur «Checkliste DSGVO»
Falls nein, weiter zur Checkliste revDSG»

II. Checkliste DSGVO

	Erledigt
Struktur und Verantwortlichkeit in Ihrer Organisation	
Bestehen Regelungen der Verantwortlichkeiten?	☐
Besteht das Bewusstsein über Datenschutzrisiken?	☐
Besteht die Pflicht zur Bestellung eines Datenschutzbeauftragten?	☐
Falls ja, wurde ein Datenschutzbeauftragter bestellt?	☐
Vertretung in der EU bzw. im betreffenden EFTA-Staat	
Ihre Organisation hat ihren Sitz in der Schweiz und verfügt nicht über eine Niederlassung in der EU bzw. im betreffenden EFTA-Staat: Wurde eine Vertretung in der EU oder dem betreffenden EFTA-Staat ernannt?	☐
Übersicht über Verarbeitungen	
Besteht die Pflicht zur Erstellung eines Verarbeitungsverzeichnisses?	☐
Falls ja, haben Sie ein Verarbeitungsverzeichnis erstellt und führen Sie es regelmässig nach?	
Einbindung Externer	
Lassen Sie personenbezogene Daten durch Dritte verarbeiten (Auftragsverarbeitung)?	☐
Falls ja, haben Sie eine Übersicht über die Auftragsdatenverarbeiter erstellt?	☐
Falls ja, haben Sie mit allen Auftragsdatenverarbeitern den notwendigen Auftragsdatenverarbeitungsvertrag abgeschlossen?	☐
Datenexporte in Drittstaaten	
Geben Sie Daten in Staaten bekannt, deren Datenschutzniveau nicht als angemessen gilt?	☐
Wenn ja, liegen geeignete Garantien (Binding Corporate Rules oder Standartvertragsklauseln) oder eine qualifizierte Einwilligung vor?	☐
Wenn nein, ist eine andere Rechtsgrundlage für den Datenexport gegeben?	☐

§ 10 Checklisten DSGVO/revDSG-Konformität

	Erledigt
Rechtmässigkeit der Datenverarbeitung	
Stützt sich jede Datenverarbeitung auf eine Rechtsgrundlage und können Sie diese nachweisen?	☐
Haben Sie, wo notwendig, eine Einwilligung für die Datenverarbeitung eingeholt?	☐
Entsprechen die Einwilligungen den Voraussetzungen der DSGVO?	☐
Können Sie die Einwilligung nachweisen?	☐
Liegen in den Fällen, in denen eine Einwilligung fehlt, andere Erlaubnistatbestände vor?	☐
Transparenz und Informationspflichten	
Sind die Betroffenen über die Verarbeitung ihrer personenbezogenen Daten informiert (durch eine Datenschutzerklärung oder in anderer passender Form)?	☐
Enthält die Information die notwendigen Informationen nach der DSGVO und erfolgt die Information auf verständliche und einfache Weise?	☐
Werden gewisse Dienste oder Produkte aufgrund von automatisierten Einzelentscheidungen angeboten?	☐
Falls ja, werden die betroffenen Personen darüber informiert?	☐
Sicherstellung der Betroffenenrechte	
Sind die Personen und Abläufe definiert, die garantieren, dass die Gesuche von Betroffenen zeitnah erledigt enwerden können?	☐
Können Sie den Betroffenenrechten mit ihren IT-Systemen nachkommen, d.h finden Sie die betroffenen Personendaten und können Sie bspw. eine tatsächliche Löschung der Daten vornehmen?	☐
Sind Sie darauf vorbereitet, Widersprüche gegen Datenverarbeitung zu verarbeiten (bspw. bei Werbesendungen, Newslettern, Verwendung von Google Analytics etc.)?	☐
Sind Sie verpflichtet, die personenbezogenen Daten in einem gängigen Datenformat zu übertragen? Falls ja, haben Sie ein Verfahren eingerichtet, um Datenübertragungen betroffener Personen erfüllen zu können?	☐
Verantwortlichkeit und Umgang mit Risiken	
Haben Sie überprüft, ob Ihre IT-Sicherheitsanforderungen den Voraussetzungen der DSGVO entsprechen (Vertraulichkeit, Verfügbarkeit, Integrität und Nachvollziehbarkeit)?	☐
Wurden angemessene technische und organisatorische Massnahmen implementiert, welche die Datensicherheit gewährleisten?	☐
Besteht für Sie die Pflicht zu einer Datenschutzfolgeabschätzung?	☐
Falls ja, haben Sie eine Datenschutzfolgeabschätzung erstellt?	☐
Ist sichergestellt, dass alle Mitarbeitenden für den Datenschutz und dessen Vorgaben sensibilisiert wurden und dass sie diese einhalten?	☐
Wurden mit allen beteiligten Akteuren, welche Zugriff auf Personendaten haben, die notwendigen Geheimhaltungsvereinbarungen getroffen?	☐
Wurde geprüft, ob nur diejenigen Personen (intern und extern) nur dann Zugriff auf Personendaten erhalten, wenn sie diesen tatsächlich benötigen (Zugriffskonzept)?	☐
Wurde überprüft, ob die internen Datenbearbeitungssysteme und Prozesse darauf ausgelegt sind, so wenig Daten wie möglich zu bearbeiten und die nur für kurze Zeit aufzubewahren (Datenminimierung/Privacy by Design)?	☐

§ 10 Checklisten DSGVO/revDSG-Konformität

	Erledigt
Datenschutzverletzungen	
Ist sichergestellt, dass Datenschutzverletzungen erkannt werden?	☐
Wurden alle Auftragsvearbeiter auf ihre Meldepflicht aufmerksam gemacht (Frist: «unverzüglich»)?	☐
Haben Sie festgelegt, wer für die Kommunikation mit der Aufsichtsbehörde zuständig ist und wann eine solche erfolgen muss?	☐
Haben Sie sichergestellt, dass im Falle einer Datenschutzverletzung, die Meldung an die Aufsichtsbehörde innerhalb von 72 Stunden erfolgt?	☐
Haben Sie sichergestellt, dass im Falle einer Datenschutzverletzung die betroffene Person, sofern erforderlich, benachrichtigt wird?	☐

III. Checkliste revDSG

	Erledigt
Struktur und Verantwortlichkeit in der Organisation	
Bestehen Regelungen der Verantwortlichkeiten?	☐
Besteht das Bewusstsein über Datenschutzrisiken?	☐
Besteht das Bedürfnis zur Bestellung eines Datenschutzberaters?	☐
Übersicht über Bearbeitungen	
Besteht die Pflicht zur Erstellung eines Bearbeitungsverzeichnisses?	☐
Falls ja, haben Sie ein Bearbeitungsverzeichnis erstellt und führen Sie es regelmässig nach?	☐
Einbindung Externer	
Lassen Sie personenbezogene Daten durch Dritte bearbeiten (Auftragsbearbeitung)?	☐
Falls ja, haben Sie eine Übersicht über die Auftragsdatenbearbeiter erstellt?	☐
Falls ja, haben Sie mit allen Auftragsdatenbearbeitern den notwendigen Auftragsdatenbearbeitungsvertrag abgeschlossen?	☐
Datenexporte in Drittstaaten	
Geben Sie Daten in Staaten bekannt, deren Datenschutzniveau nicht als angemessen gilt?	☐
Wenn ja, liegen geeignete Garantien (Binding Corporate Rules oder Standartvertragsklauseln) oder eine qualifizierte Einwilligung vor?	☐
Wenn nein, ist eine andere Rechtgrundlage für den Datenexport gegeben?	☐
Bearbeitungsgrundsätze	
Ist ein Prozess bestimmt, der sich mit der Löschung bzw. Anonymisierung von nicht mehr benötigten Daten befasst?	☐
Ist ein Prozess bestimmt, der sicherstellt, dass die personenbezogenen Daten richtig und auf dem neusten Stand sind?	☐

	Erledigt
Sofern die Bearbeitungsgrundsätze nicht eingehalten werden: Wird sichergestellt, dass einer der folgenden Rechtfertigungsgründe vorliegt: - Einwilligung (Achtung: diese kann jederzeit widerrufen werden); - überwiegendes privates oder öffentliches Interesse; oder - eine gesetzliche Grundlage.	☐
Falls eine Webseite, App oder sonstige Dienstleistung betrieben wird: Wurde die datenschutzfreundlichste Einstellung als Standardeinstellung eingestellt?	☐
Wurde überprüft, ob die internen Datenbearbeitungssysteme und Prozesse darauf ausgelegt sind, so wenig Daten wie möglich zu bearbeiten und die nur für kurze Zeit aufzubewahren (Datenminimierung)?	☐
Transparenz und Informationspflichten	
Sind die Betroffenen über die Bearbeitung ihrer personenbezogener Daten informiert (durch eine Datenschutzerklärung oder in anderer passender Form)?	☐
Enthält die Information die notwendigen Informationen nach dem revDSG und erfolgt die Information auf verständliche und einfache Weise?	☐
Werden gewisse Dienste oder Produkte aufgrund von automatisierten Einzelentscheidungen angeboten?	☐
Falls ja, werden die betroffenen Personen darüber informiert?	☐
Sicherstellung der Betroffenenrechte	
Sind Personen und Abläufe definiert, die Gesuche von Betroffenen zeitnah erledigen können?	☐
Können Sie den Betroffenenrechten mit ihren IT-Systemen nachkommen, d.h finden Sie die betroffenen Personendaten und können Sie bspw. eine tatsächliche Löschung der Daten vornehmen?	☐
Sind Sie verpflichtet, die personenbezogenen Daten in einem gängigen Datenformat zu übertragen? Falls ja, haben Sie ein Verfahren eingerichtet, um Datenübertragungen betroffener Personen erfüllen zu können?	☐
Verantwortlichkeit und Umfang mit Risiken	
Haben Sie überprüft, ob Ihre IT-Sicherheitsanforderungen den Voraussetzungen dem revDSG entsprechen (Vertraulichkeit, Verfügbarkeit, Integrität und Nachvollziehbarkeit)?	☐
Wurden angemessene technische und organisatorische Massnahmen implementiert, welche die Datensicherheit gewährleisten?	☐
Besteht für Sie die Pflicht zu einer Datenschutzfolgeabschätzung?	☐
Falls ja, haben Sie eine Datenschutzfolgeabschätzung erstellt?	☐
Ist sichergestellt, dass alle Mitarbeitenden für den Datenschutz und dessen Vorgaben sensibilisiert wurden und dass sie diese einhalten?	☐
Wurde geprüft, ob nur diejenigen Personen (intern und extern) nur dann Zugriff auf Personendaten erhalten, wenn sie diesen tatsächlich benötigen (Zugriffskonzept)?	☐
Wurde überprüft, ob die internen Datenbearbeitungssysteme und Prozesse darauf ausgelegt sind, so wenig Daten wie möglich zu bearbeiten und die nur für kurze Zeit aufzubewahren (Datenminimierung/Privacy by Design)?	☐
Wurden mit allen beteiligten Akteuren, welche Zugriff auf Personendaten haben, die notwendigen Geheimhaltungsvereinbarungen getroffen?	☐
Datenschutzverletzungen	
Ist sichergestellt, dass Datenschutzverletzungen erkannt werden?	☐

§ 10 Checklisten DSGVO/revDSG-Konformität

	Erledigt
Wurden alle Auftragsbearbeiter auf ihre Meldepflicht aufmerksam gemacht (Frist: «so rasch als möglich»)?	☐
Haben Sie festgelegt, wer für die Kommunikation mit dem Eidgenössischen Datenschutzbeauftragten («EDÖB») zuständig ist und wann eine solche erfolgen muss (Frist: «so rasch als möglich»)?	☐
Haben Sie sichergestellt, dass im Falle einer Datenschutzverletzung, die betroffene Person, sofern erforderlich, benachrichtigt wird?	☐
Protokollierung und Bearbeitungsreglement	
Besteht die Pflicht zur Führung eines Protoktolls und zur Erstellung eines Bearbeitungsreglements?	☐
Falls ja, wird das Protokoll automatisiert erstellt, werden alle erforderlichen Daten protokolliert und werden die während mindestens einem Jahr in einem getrennten System gespeichert?	☐
Falls ja, wurde ein Bearbeitungsreglement erstellt und wird dieses regelmässig aktualisiert?	☐
Falls ein Datenschutzberater ernannt wurde, hat dieser Einsicht in das Bearbeitungsreglement?	☐

§ 11. Gesetzgebung / Ausblick

I. Weshalb wurde das Schweizerische Datenschutzgesetz (DSG) revidiert?

Mit dem Erlass der DSGVO wurde das Datenschutzniveau in der EU erheblich erhöht. Die Schweiz hat ihr Datenrecht mit dem Ziel überarbeitet, den Schweizer Datenschutz an den höhern Standard der DSGVO anzupassen. Dadurch ist gewährleistet, dass die Schweiz von der EU weiterhin als Drittstaat mit angemessenem Datenschutzniveau anerkannt wird. So bleibt der unkomplizierte Datenaustausch zwischen Schweiz und EU ohne Weiteres möglich. 748

Zum anderen ging es darum, die Selbstbestimmung der betroffenen Personen über ihre Daten zu stärken. 749

1. Wann wird das neue Schweizerische Datenschutzgesetz in Kraft treten?

Das neue Datenschutzgesetz wird voraussichtlich im September 2023 in Kraft treten. 750

Eine Übergangsfrist wird es nicht geben. Das bedeutet, dass sich Schweizer Unternehmen ab in Kraft treten des revDSG nahtlos an die neuen Vorschriften halten müssen. Eine frühzeitige Anpassung an die erhöhten Anfoderungen des revDSG ist daher erforderlich. 751

2. Welche Änderungen wird das neue Schweizerische Datenschutzgesetz bringen?

Das revDSG wird die Datenschutzanforderungen in der Schweiz verschärfen. Die wesentlichsten Veränderungen sind: 752

Generelle Transparenzpflichten:

Im Rahmen der Transparenzpflichten müssen Unternehmen ihre Mitarbeitenden über die Bearbeitung von Personendaten informieren (Art. 19 revDSG).

Bussen bei der Verletzung von Informations-, Auskunfts- und Sorgfaltspflichten:

Die Bussen für vorsätzliche Verletzungen belaufen sich je nach Art der Verfehlung auf bis zu CHF 250`000.00 (vgl. Art. 60 ff. revDSG)

Strengere Regeln zum Ausland-Transfer von Personendaten:

Wenn Personendaten ins Ausland bekannt gegeben werden, soll deren Schutz gewährleistet werden können. (vgl. dazu Art. 16 ff. revDSG).

Dokumentationspflichten, insbesondere bei risikoreichen Vorhaben:

Die Dokumentationspflicht beinhaltet insbesondere die Pflicht, dass Du über Deine Datenbearbeitungstätigkeit ein Verzeichnis führst.

753 Weil die DSGVO «extraterritoriale Wirkung» hat und weil zahlreiche Schweizer Unternehmen im Wirtschaftsraum der EU tätig sind, haben sich bereits viele Schweizer Unternehmen an die erhöhten Anforderungen der DSGVO angepasst und erfüllen daher die neuen Dateschutzstandards bereits weitgehend.

754 Diese Unternehmen werden nur noch vereinzelt Anpassungen vornehmen müssen, da die inhaltliche Übereinstimmung zwischen revDSG und DSGVO sehr gross ist.

755 Die übrigen Unternehmen, die noch nicht DSGVO-konform unterwegs sind, sollten frühzeitig Massnahmen ergreifen, um keinen Verstoss gegen das revDSG zu riskieren.

II. Ausblick

1. EU

756 Die EU hat in Sachen Datenschutz grosses geleistet und wird auf absehbare Zeit in diese Richtung weitersteuern. Ihre aktuelle Datenstrategie zielt darauf ab, die wirtschaftliche Verwertung von Daten so effizient wie möglich und zum Wohle Aller zu gestalten. Zudem sollen wertvolle Daten der Tech-Giganten der Allgemeinheit zugänglich gemacht werden.

757 Die EU möchte in Unternehmen und in öffentlichen Stellen die Digitalisierung wesentlich vorantreiben, damit diese von modernen Datenverarbeitungssystemen profitieren können. Möglichst viele Akteure sollen von den erhobenen Daten profitieren können und möglichst wenig Daten sollen ungenutzt bleiben.

758 Die zwei wichtigsten Verordnungen der EU, welche in Zukunft wesentlichen Einfluss auf den Datenschutz haben werden, sind der Data Governance Act (DGA) und der Data Act (DA).

759 Der Data Governace Act wird sogenannte «Datenmittler» einführen und versuche die Idee des «Datenaltruismus» in der EU umzusetzen. Datenmittler sind neutrale Plattformen ohne wirtschaftlichen Zweck, welche die gemeinsame Nutzung von Daten zwischen Unternehmen fördern sollen. Der Daten-

altruismus verfolgt die Idee, dass Einzelpersonen und Unternehmen ihre Daten «spenden» sollen, damit diese der Allgemeinheit dienen können. Nach dem Inkrafttreten der Verordnung wird es voraussichtlich eine Übergangsfrist von 18 Monaten geben.

Der Data Act ist zurzeit nur ein Vorschlag der europäischen Komission. Bis zum in Kraft treten muss der Vorschlag noch einige legislatorische Schritte überdauern und wird voraussichtlich noch einige Änderungen efahren. Es lohnt sich dennoch, kurz darauf einzugehen: Der Data Act hat zum Ziel, Daten gerechter zu verteilen. Erfasst sind insbesondere Daten, welche durch die Verwendung von Produkten (Sensordaten von Autos, Staubsaugerroboter etc.) generiert werden. Diese sollen sich nicht mehr bei den Tech-Giganten sammeln, sondern gerecht verteilt werden. Zudem soll die Verarbeitung von Daten (welche nicht personbezogen sind) ebenfalls reguliert werden. Wie der Data Act schlussendlich ausgestaltet sein wird, lässt sich zu diesem Zeitpunkt nicht voraussagen.

2. Schweiz

Der nächste Schritt in der Schweizer Datenstrategie wird das Inkrafttreten und die Umsetzung des revDSG sein.

Danach ist davon auszugehen, dass sich die Schweizer Datenstrategie weiterhin am Kurs der EU orientieren wird.

Besonders spannend wird es, die Rechtsprechung zum revDSG zu verfolgen. Auf *www.datenschutz.law* werden Sie regelmässig und leicht verständlich über die neusten Entscheidungen der oberen Gerichte informiert.

Wichtigste Links

I. Datenschutz.law

764 Die erfahrenen Juristinnen und Juristen von Domenig & Partner Rechtsanwälte AG publizieren auf *www.datenschutz.law* regelmässig Blogs über praxisrelevante Datenrechtsthemen.

765 Auf der Plattform erwarten Sie leicht zugängliche und verständliche Tipps, News und Erklärungen über die wichtigsten Themen im Datenschutzbereich. Wir beantworten alle wichtigen Fragen und halten Sie datenschutzrechtlich stets auf dem Laufenden.

766 Besuchen Sie datenschutz.law und melden Sie sich für den Newsletter an, um keine wichtigen Informationen und Neuigkeiten mehr zu verpassen und stets auf dem Laufenden zu bleiben. Nachfolgend sind einige der wichtigsten Blogbeiträge aufgezählt.

Was sind Personendaten und wann liegen sie vor?

https://datenschutz.law/ratgeber/bestimmbare-personendaten

Was sind besonders schützenswerte Personendaten?

https://datenschutz.law/ratgeber/besonders-schuetzenswerte-daten

revDSG: Inkrafttreten am 1. September 2023 – To Do's für KMUs

https://datenschutz.law/news/revdsg-inkrafttreten-am-1-september-2023-to-do-s-fuer-kmus

Checkliste Datenschutzcompliance

https://datenschutz.law/ratgeber/checkliste-datenschutzcompliance

Erläuterung zur Checkliste Datenschutzcompliance

https://datenschutz.law/ratgeber/erlaeuterungen-checkliste-datenschutzcompliance

Informationspflichten

https://datenschutz.law/ratgeber/informationspflichten

Der EDSA veröffentlicht neue Leitlinien über das Auskunftsrecht nach Art. 15 DSGVO

https://datenschutz.law/behoerdeninformationen/der-edsa-veroeffentlicht-neue-leitlinien-ueber-das-auskunftsrecht-nach-art-15-dsgvo

Leitfaden zur Bearbeitung von Personendaten im Arbeitsbereich

https://datenschutz.law/behoerdeninformationen/eidgenoessischer-datenschutzbeauftragter-edoeb-leitfaden-fuer-die-bearbeitung-von-personendaten-im-arbeitsbereich-durch-private-personen

II. Grundsätze Datenschutz

Datenschutz Grundsätze Schweiz

https://datenschutz.law/ratgeber/datenschutz-grundsaetze-schweiz

Was ist Datenschutz?

https://www.dr-datenschutz.de/was-ist-datenschutz-begriff-und-geschichte/

DSGVO einfach erklärt

https://www.dr-datenschutz.de/dsgvo-einfach-erklaert-antworten-auf-die-wichtigsten-fragen/

III. Datenexporte

Datenexporte: Eine Anleitung

https://datenschutz.law/ratgeber/datenexporte-eine-anleitung

EU-Kommission verabschiedet DSGVO-Standardvertragsklauseln

https://www.dr-datenschutz.de/eu-kommission-verabschiedet-dsgvo-standardvertragsklauseln/

Die neuen Standardvertragsklauseln: Eine Bestandsaufnahme

https://www.dr-datenschutz.de/die-neuen-standardvertragsklauseln-eine-bestandsaufnahme/

Fortsetzung Datenexporte: Das Transfer Impact Assessment (TIA)

https://datenschutz.law/ratgeber/fortsetzung-datenexporte-das-transfer-impact-assessment-tia

IV. Auskunftsanspruch

Auskunftsanspruch und das Recht auf unentgeltliche Kopie

https://www.dr-datenschutz.de/auskunftsanspruch-und-das-recht-auf-unentgeltliche-kopie/

V. Datensicherheit

Nationales Zentrum für Cybersicherheit (Informationen für Unternehmen)

https://www.ncsc.admin.ch/ncsc/de/home/infos-fuer/infos-unternehmen.html

iBarry (Plattform für Internetsicherheit)

https://www.ibarry.ch/de/

Have I been pwned? (Prüfung ob E-Mail oder Telefonnummer bei Datenleck betroffen war)

https://haveibeenpwned.com/

Wie löschst Du Personendaten richtig?

https://datenschutz.law/ratgeber/wie-loeschst-du-personendaten-richtig

VI. Behörden

Homepage des eidgenössischen Datenschutzbeauftragten

https://www.edoeb.admin.ch/edoeb/de/home.html

Konferenz der schweizerischen Datenschutzbeauftragten

https://www.privatim.ch/de/

Homepage des europäischen Datenschutzbeauftragten

https://edps.europa.eu/_de

Die wichtigsten Begriffe

Anonymisierung
Anonymisierung bezeichnet den Vorgang, bei dem personenbezogene Daten so verändert werden, dass keine Rückschlüsse auf die betroffene natürliche Person mehr möglich sind. Anonymisierte Daten können uneingeschränkt bearbeitet werden, da sie nicht mehr als Personendaten gelten.

Aufsichtsbehörde
Eine Aufsichtsbehörde ist eine unabhängige staatliche Stelle bzw. Institution, welche die Einhaltung des Datenschutzes durch andere Behörden und/oder durch Private (Unternehmen oder natürliche Personen) überwacht. In der Schweiz nimmt diese Funktion der Eidgenössische Datenschutz- und Öffentlichkeitsbeauftragte (EDÖB) wahr. Er überwacht Private und Bundesorgane.

In den Kantonen übernehmen diese Funktion die jeweiligen kantonalen Datenschutz- und Öffentlichkeitsbeauftragten. Sie überwachen kantonale Behörden, die Gemeinden und Private, die Aufgaben des kantonalen Rechts erfüllen (bspw. Kantonsspitäler).

Auftragsbearbeiter
Natürliche oder juristische Person, Behörde, Einrichtung oder andere Stelle, die personenbezogene Daten im Auftrag des Verantwortlichen verarbeitet. Ein Auftragsbearbeiter darf Personendaten nie zu eigenen Zwecken, sondern nur gemäss den Anweisungen des Verwantwortlichen bearbeiten.

Auftragsverarbeiter
Vgl. Auftragsbearbeiter

Bearbeitung
Im schweizerischen Datenschutzgesetz verwendeter Begriff für «Verarbeitung». Jeder Vorgang im Zusammenhang mit personenbezogenen Daten wie, Erheben, Erfassen, Organisation, Ordnen, Speicherung, Anpassung, Veränderung, Auslesen, Abfragen, Verwendung, Offenlegung durch Übermittlung, Verbreitung oder andere Form der Bereitstellung, Abgleich oder Verknüpfung, Einschränkung, Löschung oder Vernichtung.

Betroffene Person
Die betroffene Person wird als die Person verstanden, über die Daten bearbeitet werden. In der Schweiz werden aktuell sowohl natürliche als auch juristische Personen (AGs, GmbHs, Vereine etc.) geschützt. Der Schutzbereich der DSGVO umfasst nur natürliche Personen.

Mit Inkrafttreten des revidierten Datenschutzgesetzes wird auch in der Schweiz der Schutzbereich auf natürliche Personen eingeschränkt. D.h. Unternehmen können sich künftig nur noch auf den strafrechtlichen Geschäfts- und Fabrikationsgeheimnis-Schutz berufen bzw. müssen sich entsprechend vertraglich absichern.

Besonders schützenswerte Personendaten

Dies sind Personendaten, die besonderen Schutz bedürfen. Deren Abhandekommen oder Missbrauch kann eine schwerwiegende Persönlichkeitsverletzung darstellen, weil diese Daten besonders heikle Informationen beinhalten.

Besonders schützenswerte Personendaten gemäss dem revidierten Datenschutzgesetz:
- *Daten über religiöse, weltanschauliche, politische oder gewerkschaftliche Ansichten oder Tätigkeiten,*
- *Daten über die Gesundheit (bspw. auch Geschlechtsidenität), die Intimsphäre (Sexualleben, sexuelle Orientierung etc.) oder die Zugehörigkeit zu einer Rasse oder Ethnie,*
- *genetische Daten,*
- *biometrische Daten, die eine natürliche Person eindeutig identifizieren,*
- *Daten über verwaltungs- und strafrechtliche Verfolgungen oder Sanktionen,*
- *Daten über Massnahmen der sozialen Hilfe.*

Besondere Kategorien personenbezogener Daten

Vgl. besonders schützenswerte Personendaten

Biometrische Daten

Daten, die Informationen zu physischen oder verhaltenstypischen Eigenschaften einer identifizierbaren Person enthalten, sind biometrische Daten. Die gebräuchlichsten biometrischen Daten sind der Fingerabdruck, die Geometrie des Gesichts und die DNA. Weitere Beispiele sind Zahnabruck, Eigenschaften der Iris/Retina und das Stimmprofil.

Cookies

Cookies sind kleine Datenpäckchen, in denen individuelle Nutzerdaten gespeichert werden. Die Daten werden lokal im Browser gespeichert. Die Datenpäckchen dienen regelmässig dazu, Login-Daten und Einstellungen zu speichern, damit sich die Webseite beim nächsten Besuch an den Nutzer «erinnernern» kann. Beispielsweise speichern Cookies den Inhalt eines virtuellen Warenkorbs oder die ausgewählte Sprache, damit beim erneuten Besuch der Warenkorb noch voll ist, oder damit die Sprache nicht erneut gewählt werden muss.

Cookies dienen regelmässig auch dazu, das Surfverhalten der Nutzer zu tracken und zu analysieren. Dies erfolgt oftmals über sog. «Third Party Cookies», die von einem Drittunternehmen gesetzt werden (bspw. bei Google Analytics).

Datenminimierung

Die Datenminimierung ist ein Grundsatz der DSGVO. In der Schweiz wird in diesem Zusammenhang von «Verhältnismässigkeit» gesprochen. Demnach soll der Umfang einer Datenbearbeitung stets auf das erforderliche Minimum beschränkt werden. Es sind so wenig Daten wie nötig zu erheben, um den angestrebten Zweck zu erreichen. Aussedem sind Personendaten zu löschen, sobald sie ihren Zweck erfüllt haben, gesetzliche Aufbewahrungspflichten vorbehalten. So werden Datenbearbeitung auf ein Minimum beschränkt und Vorratsdatenspeicherungen, also dauerhafte Speicherungen von Personendaten ohne bestimmten Zweck, vermieden.

Datenschutzberater

Der Begriff des Datenschutzberaters ist mit dem Begriff des Datenschutzbeauftragten nach DSGVO gleichzusetzen. Es handelt sich dabei um eine Person, welche in einem Unternehmen für die Einhaltung von Datenschutzvorschriften zuständig ist. Er ist nicht Teil der Geschäftsleitung, um Interessenskonflikte zu vermeiden. Er ist Anlaufstelle für betroffene Personen und Mitarbeitende. Er sorgt für die frühzeitige Involvierung der Geschäftsleitung bei drohenden Datenschutz-Risiken und schult Mitarbeitende im Datenschutz.

Datenschutzverantwortlicher

Dabei handelt es sich um den Datenschutzberater. Der Begriff des Datenschutzverantwortlichen stammt aus dem alten Datenschutzgesetz der Schweiz.

Datensparsamkeit

Vgl. Datenminimierung.

Datensicherheit

Die Datensicherheit beschäftigt sich mit dem Schutz von Daten (unabhängig davon, ob sie personenbezogen sind oder nicht). Sie beugt dem Verlust, der Manipulation und der unbefugten Kenntnisnahme von Personen und Sachdaten vor. Ausserdem dient die Datensicherheit der Sicherstellung der System- und Datenverfügbarkeit. Zur Gewährleistung der Datensicherheit werden sog. «techschnische und organisatorische Massnahmen», kurz «TOMs», ergriffen.

Davon abzugrenzen ist der Begriff des Datenschutzes. Dieser Begriff bezieht sich nur auf Personendaten. Datensicherheit schafft die Voraussetzung zur Verwirklichung des Datenschutzes.

Digitaler Fingerabdruck

Der digitale Fingerabdruck (auch «digitaler Fussabdruck») ist der Datenbestand, den Internetnutzende durch ihre Online-Aktivitäten hinterlassen. Dieser Datenbestand ist eine Spur von Daten, welche auf einen einzelnen Nutzer oder ein einzelnes Gerät zurückgeführt werden kann (bspw. Betriebssystem des Geräts, Browserversion, Sprache, Bildschirmauflösung, Zeitzone, etc.). Dadurch ist es bspw. möglich, einen Nutzer bei einem erneuten Besuch der Webseite wiederzuerkennen.

Drittländer (DSGVO)

Staaten, die nicht der Europäischen Union (EU) und der Europäischen Freihandelsassoziation (EFTA), bestehend aus dem Fürstentum Liechtenstein, Island und Norwegen, angehören.

DSG/revDSG

Das DSG ist die offizielle Abkürzung für das Bundesgesetz über den Datenschutz der Schweiz. Es dient der Verwirklichung des Grundrechts auf Informationelle Selbstbestimmung, das einen Teilaspekt des Grundrechts auf Schutz der Privatsphäre darstellt.

In der Schweiz wurde das Datenschutzgesetz (DSG) revidiert. Die neue Fassung steht seit September 2020 fest. Die revidierte Fassung (revDSG) wird per 1. September 2023 in Kraft treten. Ziel der Revision ist die Anpassung des Schweizer Datenschutzes an die veränderten technologischen und gesellschaftlichen Verhältnisse. Zudem soll das Schweizer Datenschutzrecht an die europäische Datenschutz-Grundverordnung angenähert werden.

DSGVO

Die Datenschutz-Grundverordnung (DSGVO oder DS-GVO; franz. RGPD, eng. GDPR) ist eine Verordnung der Europäischen Union. Sie regelt den Umgang mit personenbezogenen Daten. Sie gilt einheitlich und europaweit, insbesondere auch für Island, Norwegen und das Fürstentum Liechtenstein als Teil der Europäischen Freihandelsassociation (EFTA), mit Ausnahme der Schweiz.

EDSA

Der Europäische Datenschutzausschuss ist eine überstaatliche europäische Einrichtung, die das Ziel verfolgt, eine einheitliche Anwendung der DSGVO sicherzustellen sowie die Zusammenarbeit zwischen den verschiedenen Datenschutzbehörden der Gliedstaaten der EU zu fördern. Dazu publiziert die EDSA unter anderem regelmässig Leitlinien, Empfehlungen und best practices im Zusammenhang mit der Anwendung und Auslegung der DSGVO.

EDÖB

Der Eidgenössische Datenschutz- und Öffentlichkeitsbeauftragte (EDÖB) beaufsichtigt Privatpersonen und Bundesorgane im Datenschutzbereich. Zu seinen Aufgaben gehören unter anderem die Information und Sensibilisierung der Öffentlichkeit, die Unterstützung von Privaten und Bundesbehörden, sowie die Beratung sowohl in rechtlichen Fragen als auch bei technischen Aspekten.

Unter dem revDSG wird der EDÖB mehr Kompetenzen erhalten, er wird unter anderem zur Strafanzeige bei Datenschutzverstössen berechtigt sein.

EuGH

Der Europäische Gerichtshof (EuGH) ist die oberste gerichtliche Instanz der EU. Er trifft regelmässig Entscheidungen, welche bei der Auslegung der DSGVO und bei andere Datenschutzthemen von grosser Bedeutung für die EU- und EFTA-Staaten und mittelbar auch für die Schwiez sind.

Erlaubnistatbestand

Erlaubnistatbestände legen gewisse Voraussetzungen fest, um grundsätzlich verbotene Datenbearbeitungen unter der DSGVO dennoch zu ermöglichen: Sind diese Voraussetzungen erfüllt, so ist eine grundsätzlich verbotene Datenberabeitung dennoch erlaubt.

*Im Gegensatz dazu kennt die Schweiz die sog. «**Rechtfertigungsgründe**», bei denen es sich im Grunde genommen um dieselben wie die Erlaubnistatbestände der DSGVO handelt. Die Rechtfertigungsgründe kommen aber erst zum Tragen, wenn eine grs. erlaubte Datenbearbeitung gegen die Bearbeitungsgrundsätze verstösst und eine Persönlichkeitsverletzung resultiert. Liegt ein Rechtfertigungsgrund vor, besteht die Persönlichkeitsverletzung zwar weiterhin, sie ist aber nicht widerrechtlich und damit «erlaubt».*

Europäische Kommission

Die Europäische Kommission stellt die Exekutive des Europäischen Union dar. Sie ist regelmässig bei wichtigen Entscheidungen involviert. Beispielsweise war sie für für die Ausarbeitung der neuen Strandardvertragsklauseln verantwortlich.

Metadaten

Metadaten sind Informationen über die Merkmale anderer Daten. Metadaten sind also Daten auf einer untergeordneten Ebene, die sich von der Datenquelle unterscheiden. Nimmt man bspw. ein mittels Digitalkamera erstelltes Foto als die abzurufende Datenquelle, stellen die Angaben zum Aufnahmeort, die Dateigrösse, die Aufnahmezeit oder die verwendete Kamera Metadaten dar. Durch eine Analyse der Metadaten kann allenfalls ein Personenbezug hergestellt werden. Deshalb können Metadaten personenbezogene Daten darstellen.

Persönlichkeitsprofil

Der Begriff des Persönlichkeitsprofils stammt aus dem alten Datenschutzgesetz. Es liegt vor, wenn aus einer systematischen Zusammenstellung einer grösseren Anzahl Daten auf «wesentliche» Persönlichkeitsaspekte geschlossen werden kann (bspw. die Weltanschaung, die schulische oder berufliche Qualifikation, etc.).

Personenbezogene Daten

Personendaten sind jede Art von Information, die sich auf eine identifizierbare natürliche Person beziehen. Identifizierbar ist die natürliche Person, wenn sich aus den vorhandenen Informationen Rückschlüsse auf die Identität der Person ziehen lassen (bspw. vollständiger Name, Privatadresse, Ausweisnummer, persönliche E-Mail-Adresse, Standortdaten etc.).

Personendaten

Vgl. personenbezogene Daten.

Penetration testing

Um zu überprüfen ob ausreichende Datensicherheit gewährleistet ist, können Penetrationstests durchgeführt werden. Beim Penetrationstest wendet eine Fachperson dieselben Methoden an, die ein Hacker anwenden würde, um unautorisiert in das System einzudringen. Durch den Test können Schwachstellen und Fehler identifiziert werden. Dadurch wird die Datensicherheit erhöht und durch eine externe Drittperson bestätigt. Ein ähnliches Ziel verfolgen «Bug-Bounty-Programme». Hierbei werden Kopfgelder für das Auffinden von Sicherheitslücken oder Sorfwareproblemen ausgestellt.

Profiling

Profiling ist die automatisierte Bearbeitung von Personendaten mit dem Ziel, Schlüsse über einen bestimmten Aspekt einer Person zu ziehen. Anhand des Profils soll dann eine Voraussage über ein Verhalten der Person getroffen werden können (bspw. Konsumverhalten, Lernentwicklung etc.). Dies erfolgt über eine Zusammenführung, Analyse und Auswertung von Personendaten. Das Profiling findet vor allem bei polizeilichen Ermittlungen und im Marketing Anwendung.

Profiling mit hohem Risiko

Profiling, das ein hohes Risiko für die Persönlichkeit oder die Grundrechte der betroffenen Person mit sich bringt, indem es zu einer Verknüpfung von Daten führt, die eine Beurteilung wesentlicher Aspekte der Persönlichkeit einer natürlichen Person erlaubt (vgl. Persönlichkeitsprofil). Es handelt sich dabei um einen Begriff des revDSG.

Pseudonymisierung

Die Pseudonymisierung von personenbezogenen Daten beschreibt den Vorgang der Unkenntlichmachung von Personendaten. Dazu werden personenidentifizierende Daten (bspw. Name, Geburtsdatum, Wohnort) durch ein Pseudonym (bspw. einen Code) ersetzt. Wer die Schlüsselinformation hat, kann damit die Daten einer bestimmten Person zuordnen (sog. Depseudonymisierung oder Reidentifizierung). Pseudonymisierte Daten sind noch nicht anonymisiert, weshalb für pseudonymisierte Daten nach wie vor die Bestimmungen der Datenschutzgesetzgebung gelten.

Technische und organisatorische Massnahmen

Technische und organisatorische Massnahmen («TOMs») sind Massnahmen zu denen Datenverarbeiter verpflichtet werden, damit die Datensicherheit gewährleistet werden kann. Welche TOMs zu ergreifen sind, hängt von den spezifischen Datensicherheitsrisiken ab, die mit der Tätigkeit eines Unternehmens verbunden sind.

Tracking-Tools

Programme, durch die Webseitenbetreiber genaue Informationen über die Nutzung ihrer Seiten erhalten (bspw. Google Analytics, Matomo).

Transfer Impact Assesment

Das Transfer Impact Assesment (TIA) ist eine Risikobewertung, die vor einer Übermittlung von Daten in unsichere Drittländer vorgenommen wird. Das TIA ist in den neuen Standardvertragsklauseln der EU-Kommission als Massnahme vorgeschrieben. Das heisst, es muss bspw. vor der Nutzung von US-Clouddiensten geprüft werden, ob die Daten, die ausgelagert werden, einem Risiko für US-Behördenzugriffe ausgesetzt sind.

Verantwortliche Person

Natürliche oder juristische Person, Behörde, Einrichtung oder andere Stelle, die über die Zwecke und Mittel der Bearbeitung personenbezogener Daten entscheidet (bspw. Kunde, der seine Daten in eine Cloud auslagert oder eine Marketing-Agentur mit dem Ausspielen von Werbung beauftragt). Gemeint ist damit diejenige Person, welche die Eckwerte einer Datenbearbeitung festlegt.

Verarbeitung

In der DSGVO verwendeter Begriff für «Bearbeitung». Technisch ist es dasselbe (vgl. Bearbeitung).

Zwei-Faktor-Authentisierung

Die Zwei-Faktoren-Authentisierung (auch: 2FA) ist eine zusätzliche Sicherheitsmassnahme zum Schutz von Benutzerkonten. Zusätzlich zum Passwort wird beim Login eine weitere Sicherheitskomponente geprüft. Dies ist z.B. ein PIN-Code, die über eine spezielle App auf dem Smartphone generiert wird. Bei der Multi-Faktor-Authentifizierung (MFA) wird der Anmeldeprozess um einen weiteren Schritt erweitert. Dabei muss der Nutzer mindestens drei Anmeldeschritte durchlaufen, um sich anzumelden.